《新型城镇化与教育发展》丛书
NEW-TYPE URBANIZATION and
EDUCATION DEVELOPMENT

2016
NO.1

# 新型城镇化与教育
## New-Type Urbanization and Education

新型城镇化与教育发展课题组

主编：谈松华
副主编：张双鼓　江波　杨子健
顾问：郝克明　闵维方　厉以宁　郑新立

同济大学 出版社
TONGJI UNIVERSITY PRESS

**图书在版编目(CIP)数据**

新型城镇化与教育/谈松华主编. —上海：同济大学出版社，2016.1
（新型城镇化与教育发展）
ISBN 978-7-5608-6184-5

Ⅰ.①新… Ⅱ.①谈… Ⅲ.①城市化-关系-教育事业-研究-中国 Ⅳ.①F299.21②G52

中国版本图书馆 CIP 数据核字(2016)第 016089 号

## 新型城镇化与教育

新型城镇化与教育发展课题组
主　编　谈松华

责任编辑　江　岱　　责任校对　徐春莲　　封面设计　唐思雯

| 出版发行 | 同济大学出版社　www.tongjipress.com.cn |
| --- | --- |
| | （地址：上海市四平路 1239 号　邮编：200092　电话：021-65985622） |
| 经　　销 | 全国各地新华书店 |
| 印　　刷 | 上海安兴汇东纸业有限公司 |
| 开　　本 | 787mm×1092mm　1/16 |
| 印　　张 | 10.25 |
| 印　　数 | 1—1100 |
| 字　　数 | 205000 |
| 版　　次 | 2016 年 1 月第 1 版　2016 年 1 月第 1 次印刷 |
| 书　　号 | ISBN 978-7-5608-6184-5 |
| 定　　价 | 58.00 元 |

本书若有印装质量问题，请向本社发行部调换　　版权所有　　侵权必究

《新型城镇化与教育发展》丛书

# 编委会

顾　　问：郝克明　闵维方　厉以宁　郑新立
主　　任：谈松华
副 主 任：张双鼓　江　波　杨子健
编　　委：(按姓氏笔画为序)
　　　　　丁延庆　于立平　马　涛　王　建　王　烽
　　　　　王　蕊　江　波　汤林春　汪　明　宋知程
　　　　　张双鼓　杨子健　周满生　柯　玲　顾月华
　　　　　谈松华　崔永平　黄晓婷　蒋　承

# 代序

**郝克明**
国家教育咨询委员会委员、中国教育发展战略学会会长
国家教育发展研究中心、专家咨询委员会主任

2013年4月，中国教育发展战略学会与经济学界签署战略合作框架协议，联合开展"新型城镇化中的教育战略与人才培养"课题研究，并由经济学界提供经费资助和支持。中国教育发展战略学会与国家教育发展研究中心及北京、上海、苏州和成都等地以北京大学、同济大学为首的十多所高校、研究机构和地方有关人员组成课题组，并于5月31日，在北京举行了首次课题研讨。一年来，课题组制订了研究计划和方案，落实了课题分工和任务，赴全国多个地区进行集中调研和考察，并举行多次研讨会。课题组深入学习党的十八届三中全会和中央城镇化工作会议精神，特别邀请我国著名经济学家厉以宁教授和中共中央政策研究室原副主任、中国国际经济交流中心常务副理事长郑新立就国家推进新型城镇化战略规划作报告，进一步拓宽课题研究的视野，提升和加强对课题研究重要性的认识和对宏观政策背景的把握。课题组还将在研讨会上交流各地在推进新型城镇化过程中教育改革和发展所取得的经验、面临的问题和对策思路，对下一阶段的课题研究工作进行深入研究和探讨。

城镇化是现代化的必由之路。改革开放以来，我国城镇化进程明显加快，取得显著进展。2012年，我国城镇人口达到7.1亿，城镇化率基本达到世界平均水平。城镇化的健康发展，对全面建成小康社会、加快推进社会主义现代化具有重大意义。在一个拥有13亿人口的发展中大国实现城镇化，人类发展史上并没有先例，需要从我国的实际出发，进行科学的、艰苦的探索和实践。党的"十八大"和十八届三中全会提出"坚持走中国特色新型城镇化道路，推进以人为核心的城镇化"。2013年12月，中央召开城镇化工作会议，进一步明确推进城镇化的指导思想、主要目标、基本原则和重点任务。2014年3月5日，国务院总理李克强在《政府工作报告》中提出，今后一个时期，我国将着重解决好"三个1亿人"问题：促进约1亿农业转移人口落户城镇，改造约1亿人居住的城镇棚户区和城中村，引导约1亿人在中西部地区就近城镇化。3月16日，中共中央、国务院颁布《国家新型城镇化规划（2014—2020年）》，对国家推进新型城镇化工作进行顶层设计，明确了推进城镇化的指导思想、主要目标、发展路径和重点任务。规划提出"以人的城镇化为核心，有序推进农业转移人口市民化；以城市群为主体形态，推动大中小城市和小城镇协调发展；以综合承载能力为支撑，提升城市可持续发展水平；以体制机制创新为保障，通过改革释放城镇化发展潜力，走以人为本、'四化'（工业化、信息化、城镇化、农业现代化）同步、优化布局、生态文明、文化传承的中国特色新型城镇化道路"。认真贯彻落实中央的指示精神，从理论和实践的结合上加强关于中国特色新型城镇化道路的科学研究工作，对全面建成小康社会、加快推进社会主义现代化，对丰富我国哲学社会科学的理论宝库都具有重大意义。

推进以人为核心的新型城镇化，关键在教育。教育是推动城镇化最重要的动力，被形象地比喻为发展新型城镇化最"环保"的"绿色引擎"。教育对于城镇化的重要性，突出地表现在三个方面。

一是支撑作用。教育是人力资源开发的基本途径,是实现新型城镇化的基础。教育优先发展不仅促进国民素质的提高,而且将为城镇化发展提供强有力的人才支持。例如,对于加强生产和服务第一线的劳动者和高技能人才培养培训问题,在《国家新型城镇化规划》提出的"农民工职业技能提升计划"中强调,依托中高等职业院校、技工院校、职业技能实训基地等,对转移到非农产业务工经商的农村劳动者的就业技能培训每年要达到1 000万人次,对在岗农民工进行提高技能水平的培训每年要达到1 000万人次,对符合条件的具备中高级技能的农民工实施高技能人才培训每年要培养100万人次,等等。

二是对市民素质的培养和提升作用。推进农民工融入企事业单位、其子女融入学校、家庭融入社区、群体融入社会,建设美好的、充满活力的和谐城镇,是一项伟大而艰巨的事业。教育对进入城镇的农村居民实现市民化、提高市民素质、培养具有良好道德修养和科学文化素质的合格的公民,增强城镇发展后劲、促进城镇繁荣进步和文明和谐等具有积极推动作用。市民文明素质的提升不仅需要加强和提高各类学校教育特别是基础教育的质量和水平,而且要突破传统学校教育的局限,积极发展全民终身教育,要加强社会教育和家庭教育,加强企业、行业和社会各个用人部门对员工的培训和继续教育,促进学习型组织、学习型社区、学习型城镇的建设和发展。

三是引领作用。城镇化意味着现代文明的引入,许多农村居民进城镇落户或居住是为了通过各种培训,学习工作和生活的新技能、新本领,促进自身素质的提高,并使其子女接受良好教育。这必将带动教育的投入和人口受教育水平的提高。"教育移民"在不少地区已成为城镇化进程中人口迁移的一种模式,发展教育与发展城镇相结合,教育引领城镇化健康发展。同时,城镇化快速和科学发展也必将促进教育的改革和发展,给教育带来重大影响和新的变化。以义务教育的发展来说,义务教育作为基本公共服务的社会属性,将在新型城镇化进程中更加突出。如何将农民工随迁子女义务教育纳入各级政府教育发展规划和财政保障范畴,如何逐步完善和落实农民工随迁子女在流入地接受中等职业教育免学费和普惠性学前教育的政策、保障随迁子女平等享有受教育的权利等,这些问题的解决也是城镇化过程中实现基本公共服务均衡化研究和实践中的重要问题。

要强调指出的是,新型城镇化是城乡一体、互为促进、和谐发展的城镇化,它不仅仅是指农村人口进入城镇享有到城市的公共服务,还包括未进入城镇的农村人口也享有与城镇人口一样优质的公共服务。即便在未来二三十年我国的城市化率达到75%左右,中国仍将拥有数量庞大的农村人口。新型城镇化是以城乡统筹、城乡一体、产城互动、节约集约、生态宜居、和谐发展为基本特征的城镇化,是大中小城市、小城镇、新型农村社区协调发展,互促共进的城镇化。加快推进基础教育,特别是义务教育均衡发展,努力构建利用信息化手段扩大优质教育资源覆盖面的有效机制,缩小城乡教育差距,提升农村义务教育质量,建立健全新型职业化农民教育培训体系等,都是推动城乡教育均衡发展的重大问题,也是我们的教育研究需要重点深入、突破的要点难点。

诺贝尔经济学奖获得者斯蒂格利茨(J. E. Stiglitz)曾把"中国的城镇化"与"美国的高科技"并列为影响未来世界经济增长的两大引擎。中国是世界上人口最多的发展中国家,推进城镇化是一场具有革命性意义的社会系统工程，是一个包含人、土地、财政、治理模式及发展道路等多重要素在内的、长期的社会发展过程。中国地域辽阔、情况复杂，发展很不平衡，实现城镇化的途径和模式应当是多样化的。东、中、西部不一样，山区、平原、沿海不一样，不同的发展阶段要求不一样，不同的地域特色也不一样，不同的经济文化基础、环境和发展条件会孕育出不同的城镇化路径和发展模式。为了在我国积极稳妥、扎实有序地推进新型城镇化，按照国家的总体部署，中央政府统筹总体规划、战略布局和制度安排，协调解决城镇化发展中的重大问题，地方政府因地制宜，研究制订符合本地实际的城镇化规划和具体政策措施，并鼓励地方探索创新和试点先行，探索各具特色的城镇化发展模式。

为了搞好课题研究工作，课题组选取了我国东、中、西部不同地区的各级代表，如东部地区的上海市、苏州市、宁波市、佛山市、中部地区的武汉市和新乡市、西部地区的成都市和杨凌农科城等，分别从城乡教育发展一体化、构建服务于特色城镇化的专业教育体系以及新型城镇化进程中管理体制和财政体制的创新等视角，探索适应和促进区域新型城镇化发展的教育战略规划与政策调整思路。这里特别需要指出的是，这个重大课题是一个应用和决策咨询研究，也是一个推动和指导实践、试验和行动的研究。研究的质量和水平对科学地制订促进新型城镇化的教育战略与政策、充分发挥教育在推进新型城镇化中的作用，具有十分重要的意义。这项工作需要有高度的使命感和责任心，需要有锲而不舍的坚强意志和严谨扎实的学风。课题组已经有了良好的开端，特别是在研究中注意理论联系实际，注重调查研究，并注意把课题研究和推动新型城镇化的实践紧密结合起来，这是课题组在研究方法上一个重要特点。这样做有利于发现和研究总结各地区政府、学校和人民群众在实现城镇化进程中的创造和新鲜经验，有利于更深刻地了解和努力帮助解决在实现城镇化进程中遇到的困难和在理念、体制和机制等方面遇到的障碍，使得研究咨询成果不仅具有科学性，而且具有较强的针对性和可操作性。我衷心希望并且完全相信课题组在谈松华教授的领导下，依靠经济学界的支持和合作，依靠各地区教育管理部门、学校、研究机构的积极支持和共同努力，充分运用中国教育发展战略学会正在进行的其他国家重大战略研究课题之间协作的比较优势，依靠课题组全体同志的刻苦钻研与努力创新，并在实际研究中注意聚集全国更加广泛的专家学者和实际工作者的智慧和实践经验，一定能够为我国新型城镇化进程中的教育发展战略与人才培养，提供高质量的研究报告和咨询建议，为促进我国新型城镇化的伟大事业作出重大的贡献。

(本文是作者在课题组于 2014 年 5 月 16—17 日在北京举办的第二次研讨会上的致词，已经作者审定)

# 目录

| | | |
|---|---|---|
| 代序 | 郝克明 | 001 |
| 城镇化、体制改革与教育发展 | 厉以宁 | 011 |
| 中国特色新型城镇化与教育改革 | 郑新立 | 021 |
| 如何正确理解中国的城镇化 | 邱爱军 | 031 |
| 新型城镇化进程中教育需求与供给问题的思考 | 周敏凯 | 041 |
| 新型城镇化与区域教育发展 | 叶平 | 047 |
| 城镇化空间规划和基础教育布局调整 | 谈松华 | 055 |
| 教育信息化与农村教育 | 王珠珠 | 061 |
| 地方高校的转型发展 | 陈锋 | 069 |
| 建立国家资格制度 促进全民终身学习 | 杨进 | 077 |
| 我国校外教育的形势与任务 | 俞伟跃 | 083 |
| 新型城镇化与职业教育发展的思考 | 曹毓刚 | 091 |
| 大力提升高职教育水平 全面服务新型城镇化建设 | 金雁 | 097 |
| 高校推动现代农业与城镇化发展 | 韩明玉 | 107 |
| 教育：推动城镇化最重要的动力 | 黄金鲁克 | 113 |
| 城乡教育一体化视角下市域统筹农村中小学标准化建设的有益探索<br>——成都模式 | 柯玲 | 119 |
| 教育第一：苏州新型城镇化的教育战略选择 | 周春良 | 135 |
| 上海城乡教育一体化发展战略和随迁子女就学制度 | 尹后庆 | 145 |
| 新型城镇化进程下市民化教育的"佛山探索" | 舒悦 | 153 |
| 后记 | | 162 |

**文章架构**

**一、资源配置效率和生产效率**

**二、走符合中国国情的城镇化道路**

**三、就近城镇化，或称就地城镇化**

**四、城镇化过程中的就业问题**

**五、二元劳工市场问题**

**六、扶贫工作**

**七、将来谁种田**

**主要观点**

国有企业体制与城乡二元体制是计划经济的两大支柱。混合所有制改变了资源配置效率，提高了生产率，"国进民也进"；城镇化的重点在体制改革上，通过积分制与就近城镇化改革户口制度，实现城乡二元体制的改革。前者适合特大型城市，后者适合中小型城市分区推进。城镇化需要应用经济学的就业乘数原理扩大就业；通过教育改革解决二元劳工市场中存在的问题，打造蓝领中产阶级；通过教育实现扶贫脱困；通过产业化与规模经营解决农业问题。

**关 键 词**

● 城乡二元体制 ● 就地城镇化 ● 就近城镇化 ● 新社区

● 蓝领中产阶级 ● 二元劳工市场 ● 城乡一体化 ● 教育扶贫

# 城镇化、体制改革与教育发展

## 厉以宁

男,北京大学教授,著名经济学家,中国经济学界泰斗。1955年毕业于北京大学经济学系;著有《论加尔布雷思的制度经济学说》(1979)、《教育经济学》(1984)、《资本主义的起源——比较经济史研究》(2003)、《论民营经济》(2007)等;荣获"孙冶方经济学奖""金三角"奖等。

## 一、资源配置效率和生产效率

多年以来,在经济学中所谈的效率是生产效率,主要是就微观经济单位而言的。比如一个企业、一个事业单位的效率,是指投入产出之比。假定投入维持原状,产出增加了,表示生产效率提高了;或者假定产出维持原状,投入减少了,也表示生产效率提高了。这个概念是有用的,但是从20世纪30年代以后出现了第二种效率概念,叫资源配置效率。第二次世界大战结束以后,资源配置效率的研究大大深化。什么叫资源配置效率呢?它的前提是投入为既定,用A方式配置资源,产生N效率,用B方式配置资源,产生N+1效率,投入是不变的。这就大大扩展了人们的眼界,因为这是宏观层面的分析,过去谈生产效率时,只是微观层面的分析。

更换资源配置方式之后效率得到提高,这对于我们当前是非常重要的。为什么要大力发展混合所有制经济,因为它能够重新配置资源,资源配置效率就增加了。所以,要把资本搞活作为资源配置效率提高的重要依据。再比如说,从社会角度、宏观经济角度看,城镇化主要是重新配置资源,提高效率。现在,从资源存量、国有资本存量角度来看,实际的资源配置效率低,资源闲置是损失,只有把资本用活了,经济就会大幅度上去,我们一定要认清这个问题。

现在还有一种说法,说混合所有制经济的建立和发展是"国退民进"。这种看法是错误的。他们不懂,要从宏观经济看,不只是盯着某一个国有企业。当然某一个国有企业有效率提高的问题,包括生产效率提高,也包括资源配置效率提高,而从宏观角度看,资源配置合理能大大发挥国有资本的作用,使国有资本的效率更高。这就是说,发展混合所有制经济,不是"国退民进",而是"国进民也进"。把这个观点弄清楚了,我们对城镇化,对当前混合所有制经济的建立都会有新的看法。

## 二、走符合中国国情的城镇化道路

首先要明确城镇化是一项深刻的改革,它不是一个单纯的建设问题,因为建设问题是长期存在的。改革,是城乡二元体制的改革。一些报纸杂志时常混淆城乡二元体制和城乡二元结构,其实二者不是一回事。城乡二元结构从古就有,但城乡二元体制是计划经济时代才有的。比如说,北宋被金兵灭亡,河南、山东一带的人民向南迁徙。当时没有城乡二元体制,河南的城市居民到了江南,可以在农村买地、种地、租地、建房;河南的农民到了江南一带可以在城里购房、也可以租房住;可以打工,也可以开店。城里住住,可以搬到农村;农村住住,也可以搬到城市,城乡是流动的。最明显的例子是不久前播放过的一个电视剧,叫《闯关东》。清朝后期,山东人到了东北,没有城乡户口限制,愿意住在城里就住在城里,愿意下农村就下农村,到处都可以住,可以搬家。这样,短短几十年之内,东北城镇建设就初具规模了,东北的农地就被大量开发出来。新中国成立前,上海已经有很多工厂,这些工厂里的工人不全是上海人,主要是苏北农村,或来自无锡、常州、浙江一带的农村。他们到了上海就是上海人,老婆从农村带上来,也就是上海人了;他们在农村生的孩子带到上海,也是上海人;如果农民在上海生了孩子,孩子一生下也是上海户口,从来没有农民工这个说法,因为当时没有城乡二元体制。城乡二元体制始于1958年户口制度改革:城镇户口、农村户口一分为二,居民不能够自由流动了,就形成中国现在的状况。计划经济体制有两大支柱,一个支柱是国有企业体制,改革开放三十多年主要改的是国有企业体制,现在已有很多国有企业实现了投资主体多元化,但国企改革还没完成,所以现在要加快国有企业改革,加快混合所有制的建立。另一个支柱是城乡二元体制。城乡二元体制在改革开放以后没有改,只是略有松动;户口制度没有改,也只是略有松动而已。比如说,允许农民流动了,可以进城打工,可以自主找工作,等等,但体制没有变化。所以形成了今天这个现象:农民进城打工30年了,还是农村户口,融入不进城市社会。今天城镇化主要应考虑体制改革问题。当然,城镇建设也重要,但建设是长期任务,不能误导。如果误导会令人以为城镇化就是拓宽马路,增加居住人口。城市配套设施需要建设,但重点却是体制改革。

另一个问题是户口制度怎么改革。户口制度的改革实际上分成两种模式。一种模式叫积分制,这是上海首先创造的模式。首先要了解上海的情况。上海是制造业的中心,可是上海制造业的工人从来都是从外地流到上海的农民,包括从苏北农村去的,从无锡、常州、浙江去的,还有中西部去的。新中国成立前上海就是这种情况,但与现在不同。当时的民工进入上海工作后就变成上海人了,现在的没有变成上海人,他们还保留原来的户籍,妻子、孩子不能融入上海城市社会。现在上海一些大制造厂、一些很有名气的企业的骨干工人、技术工人,甚至班、组长都是农民工。最近几年发生了变化,变化就是:江苏、浙江一带在拼命发展工业,但缺乏熟练技工、骨干工人,就到上海去挖人了。招聘方对在上海工作的技工们说:你上我们这儿来,保证马上解决你老婆孩子和你的城市户口问题。这样,上海方面就紧张了,如果这批骨干工人、技工都流走了,上海制造业效率就会大大下降,所以上海市政府研究的结果是搞出了积分制。学历怎么计算,工龄怎么计算,在工厂的表现如何都给农民工打分,分数够了,跟你谈话,说现在你跟你全家可以转为上海户口了。但这些人毕竟是少数。对其余大多数人,也找他们谈话,说你有一定积分,但还差一点,再干几年分够了,就可以转户口。这就把农民工的情绪稳定了,人心也安下来了。所以积分制这个经验在特大城市解决农民工问题是起了作用的。特大型城市,包括某些省会城市,都可以采取积分制。另外的人怎么办呢? 要走"就近城镇化"或"就地城镇化"的道路。

# 三、就近城镇化,或称就地城镇化

符合中国国情的城镇化可用简单的一句话来表述:老城区+新城区+新社区,三个部分组成符合中国国情的就地城镇化模式。

老城区重在改造,大体上包括四个内容:第一,工业企业迁出去,有的转移到外地,有的转移到本市的新城区;第二,棚户区拆迁,棚户区是多年遗留下来的,棚户区在城里、城郊空地上易地安置,给他们建立标准的新居民房,这在辽宁当初搞试点搞得挺好,因为沈阳、抚顺、本溪这些都是棚户区拆迁的典型;第三,商业服务业进入老城区,老城区变成一个商业中心,变成服务业中心,服务业着重在现代服务业,就是金融、保险、物流这方面,其他一些传统的服务业领域也要发展;第四,大力培养本地的技术人才,特别是熟练技工。老城区的改造大体上是这样一些路数。

第二部分是新城区。新城区,简单地说就是在老城区以外的空地上建立工业园区。工业园区包括高新技术开发区、试验区等。为了鼓励企业在这里建设,政府把基础设施搞好,也鼓励老城区的企业往这里搬。工业进园区主要有四个好处:第一,在新城区,基础设施是完善的,投资成本可以减少;第二,环境保护比较好,环境治理快,而且能够监督,能够发现问题;第三,在这里,由于企业聚集在一起,企业与企业之间交流机会多,能相互发现商业机会;第四,政府服务到位,服务就是管理,这样既节省时间又提高效率。新城区应当建设成有居民住的城区,不要把新城区变成一个"鬼城",就是到夜晚灯都灭了,没人了,早上上班来,晚上下班走,所以这里也应该建设居民区。为了居民生活方便又能够解决就业问题,一定要吸引大量小微企业、个体工商户前来。一个没有小微企业,没有个体工商户的城镇,不但就业问题难解决,而且到了夜晚冷冷清清、一片漆黑。

第三部分是新社区。新社区是指各地最近几年来已经建成的一些社会主义新农村。各地社会主义新农村建设的动机各种各样,有的是因为农户居住太分散,所以把他们集中在一起,有些地方的农户把原来的宅基地和房屋交出来,换取新的住宅,同时也便于公共服务到位。因为居民太分散看病困难,搬到新社区集中住,不仅看病方便,而且孩子上学、老人上敬老院也方便。新社区要在现在的社会主义新农村的基础上建设。但新社区还有四个方面的工作要做:一是园林化,原来的农村都是绿树成荫,现在搬到一个新地方,就只有几栋楼,没有园林化,人家不愿意住,认为环境不好;二是大力发展绿色经济、循环经济,包括生活垃圾的处理、能源的节省、低碳化,等等;三是公共服务到位,如卫生院、敬老院、托儿所、幼儿园、小学,孩子就近上学,病人就近看病;四是城乡社会保障走向一体化,让城乡社会保障的差距不断缩小。等这些条件都具备了,就采取一个重大的措施,就是改村为社区,村的建制改成社区建制。这样就建成了新社区,既符合就近城镇化,又能满足新社区居民的各种需求。

总之,老城区重在改造,新城区重在建设。新社区不仅重在建设,而且重在体制的转换。户口制度的积分制和分区推进并存。关于积分制,刚才讲到特大型城市适用,某些省会城市也适合采用积分制。中小城市就分区推进,一旦新农村改成新社区,前面就不要再加"农村"或"农民"两个字了,户口制度并轨的条件成熟了,一片一片改,这叫"分区推进"。就近城镇化(就地城镇化)的思路大体是这样。

## 四、城镇化过程中的就业问题

城镇化过程中一定要解决城镇的就业问题,新社区同样有就业问题,如何解决?我们应当对中国的就业问题有充分的认识。我们经常遇到这个问题。比如 2008—2009 年我在西欧考察,正好碰到金融危机,中国经济增长率一度下来了,2008 年第四季度下降到 6.8%,2009 年第一季度是6.1%,当时国内人看报纸都在说,经济滑坡很厉害,怎么办? 农民工要回乡了,因为城里没工作了。如果没工作的农民工不愿意回去,又该怎么办? 我那个时候在西欧,西欧经济学家在与我座谈时问我:"在我们西欧发达国家,德国、法国、荷兰、比利时都一样,只要每年有2%~3%的增长率我们就心满意足了,认为不会发生就业方面的危机。你们为什么非要9%不可,现在百分之六点几的增长率,全国为什么会惊慌? 我们不懂,怎么回事? 百分之六点几的增长率在我们看来很好,你们为什么不满足呢?"我当时和他们讲,中国国情和你们不一样。你们的工业化已经200多年了,农村多余劳动力都释放完了。现在你们的农民有自己的家庭农场,有自己的农村住宅,交通很便利,而且农村家家都有小汽车。他们要看病,同城市的社会保障一样。农民现在不愿意进城,进城是他爷爷一辈、曾祖父一辈的事情。所以你们没有从农村涌来的劳动力的压力。你们的人口增长率接近于零,每年新达到就业年龄的人数和退休职工人数是一样的,可以填补空缺。如果经济增长2%~3%,东欧和北非来的移民可以就业了,社会也可以安定下来。我们中国不行,中国大量农村人口正在向城市转移,没有较高的增长率哪有那么多工作岗位? 就业是靠新增的就业岗位来实现的,没有较高的经济增长哪来那么多新工作岗位? 而且不要忘记,就业靠就业扩大,这就是经济学中的就业乘数原理,因为一批人就业后,就有了收入,他花掉收入别人就可以就业了;别人有了收入又花掉,更多人就业了,就业是一轮一轮扩大的。所以我们必须重视就业的问题。

对当前的中国来说,人力资源的结构非常重要。人力资源结构的调整,首先依靠教育制度的调整。技术是不断创新的,比如现代农民工出来找工作,我们的学生去调查,问他们,你会电脑吗? 20年前是不会问这样的问题的,现在会问,因为知识结构变了。现在好多地方还问农民工,你会简单的外语吗? 20年前也没有人问这个问题,就看有没有体力。农民工会什么技术,现在问得很细。调查结果表明,目前中国人力资源的结构是有问题的,需要调整。

## 五、二元劳工市场问题

这个问题很重要。二元劳工市场在国际上是最近二三十年以来人力资源市场结构方面的一个重要课题。为什么叫二元劳工市场? 这是指职业分成两种,一种叫"好职业",另一种叫"坏职业"。"好职业"与"坏职业"的区别在哪里? 有四个区别:第一,这边的工资高,那边的工资低;第二,这边福利多,那边福利少,甚至没有;第三,这边提升的机会多,那边是简单的重复劳动,没有提升的途径;第四,这边有不断的再学习、再培训的计划,那边没有,一直干活。所以,"好职业"被称为高级劳工市场,"坏职业"叫低级劳工市场。

这种情况在中国同样存在。如果我们的教育体制不改革,社会流动渠道是越来越窄的,尤其是垂直流动的渠道越来越窄。读到小学毕业去找工作,没人要;初中毕业找工作,干的最底层的活;上高中难,读大学更难。现在的情况和1977年到1979年完全不一样,1977年、1978年、1979年因为"文化大革命"积压了十年的人都在那时候出来了,所以那时的社会流动渠道是比较通畅的。那个时候,大学生找工作,各个单位争着要。今天没有这样的机会了,而且今天越是在农村收入较少地区出来的,就业机会越少。即使在低级劳工市场工作,也很难转到高级劳工市场。没有在职的培训,没有大力发展职业技术教育,二元劳工市场将长期存在。这里一个很重要的问题就是要让年轻人有一种希望,有一个奔头:只要通过自己的勤奋努力,可以使待遇提高,收入状况改善。要让低级劳工市场上工作的人有希望,在这方面中国是需要注意的。

这里还要谈谈蓝领中产阶级的问题。蓝领中产阶级概念在发达国家早已形成,那里的熟练技工待遇很高,而且都是职业技术学院或高级职工技术学校毕业的,他们有多年的经验,成长起来成为蓝领中产阶级。蓝领中产阶级的成长是社会结构的变化,过去认为只有白领成为中产阶级,白领跟蓝领的不同是因为工作环境不同,坐办公室里的是白领,蓝领在现场参加劳动,但是他是有技术的工人、熟练技工。蓝领中产阶级的成长对农民来说,对低收入家庭来说,是一个希望,所以说一定要适合中国国情培育中国的蓝领中产阶级,这要靠高级、中级职业技术学校。在法国,我专门问过,为什么蓝领中产阶级的收入一般比白领的中产阶级要高?回答是:因为他有专长,甚至他在这个过程中能发明创造,收入当然比一般的白领要高。这就给我们启发。

还有一种工作也是蓝领工作,将来有可能增加收入。比如替美国大公司看仓库。其实工人不用去美国,在国内有专门替他们看仓库的公司,这些人是在电脑边上工作的。美国夜晚是中国白天,美国夜晚请人看仓库价钱很贵,他们就承包给中国。只要经过训练,会外语就行。你要看仓库,就坐在电脑边上看,对方仓库的路都清清楚楚。第几号路第几个区域一看,发现某个区域有不明身份的人在走动,电脑上反映了,用简单的英语通过电话通知对方,对方马上就知道了,派人去查看。又如,什么地方有火迹,也立即告诉对方,防止失火。这种工人很受美国企业欢迎,因为他们夜晚雇工很贵,包给中国的企业做,人都不要去美国,只要电脑就行。这种新的职业,培养的是蓝领中产阶级。

其实,蓝领和白领的区别是会逐渐淡化的。今后,当大家都在计算机房工作时,你能分清谁是蓝领?谁是白领?

## 六、扶贫工作

扶贫,单纯发放扶贫金不行,可以靠低息或免息贷款,一定要各方面采取措施,其中包括教育扶贫。我们在一些贫困地区专门考察过教育扶贫。内蒙通辽市北边有一个靠山区的旗,叫扎鲁特旗,那里有很多山区。牧民一般不愿意进城,他们说这里很好,有草地、也有房子住,为什么要进城?问他,你小孩怎么办?他说小孩在农村接受不到好教育,没办法,但让小学生到远处上学,家长又不放心。于是扎鲁特旗在县城建立了"教育特区"。这就是,专门在城里划了一块地方,办了"教育特区",建立带宿舍和食堂的小学,农村和山区的小孩到这里住校上学。孩子到这里上学后,发生了一个情况,即学校旁边的商品房都卖掉了。这是因为,爷爷奶奶不放心小孩住校。一到周末,住在县城的小孩都回家了,住在山区的孩子没地方去,于是爷爷奶奶就搬进城了。商品房一套不贵,牧民买下了,给爷爷奶奶住,周末周日孙子可以回家住。所以县城办寄宿小学,把爷爷奶奶都带进城了。仍住在乡下的学生父母,仍在那里看羊放牛,他们也比平时更专心,因为不用再挂念小孩了。

现在有些脱贫户返贫,这是什么原因？大体上是五个原因:第一,家里主要劳动力突然死亡,比如遇到车祸,家里境况一下子就恶化了;第二,家中有人患病,久治不好,钱花了不少,返贫了;第三,家中有人染上恶习,如酗酒、嫖娼,特别是吸毒和赌博,因吸毒和赌博而败家的例子很多;第四,遇到了灾害,如家里失火了、泥石流把房子摧毁了,还有地震、水灾,等等;第五,农村有陋习,比如婚丧都大办酒宴,请客吃饭,花费不少钱穷了。我们考察到在一些农村结婚很难,太花钱。在内蒙通辽市一个旗看到,25～45岁的男子有一半以上未婚,而村里的女孩子都走了,有的会跳舞唱歌到外地当了歌舞团的演员,有的当服务员去了,还有一些直接到工厂做工。未婚男子结婚难,家中又穷,又找不到合适的对象。所以说,返贫的问题需要注意,农村的陋习需要改掉,农村陋习不改结不起婚,结婚就负债,一辈子就只顾还债。

## 七、将来谁种田

这是城镇化中的新问题。谁来种田？应该说是三种人。

第一种人是家庭农场主。家庭农场和家庭农场主是新的提法,国外常用,我们最近才采用这两个名词。在农村调查发现,要当一个合格的家庭农场主是不容易的,要经过考试。你想做农田的承包者,必须会种田,而且能保证丰产,不然别人怎么放心把自己的承包地租给你种或转包给你？你把田传给儿子种,儿子能否种田,也要经过考试。如果考试不合格,干不了。现在南方还出现一种新的情况。我和你定好合约,你把土地租给我种,我保证每亩年产量800斤。如果今年我只产了700斤,我补你100斤;如果产量多了,咱们再谈分配。所以人人都在挑选种地的人。

这就提出一个问题:多办农业技术学校。农业技术学校是培养家庭农场主的。20世纪80年代中期,我率领中国国际交流协会代表团到丹麦欧登塞市访问,就住在一家农业技术学校里。它是培养未来的家庭农场主和未来的大农业企业的职员和技术人员的。学校有自己的实习农场,学生一定要学会农业技术,才能成为合格的家庭农场主,或者被大农业企业所录用。这就是将来种田的第一种人。

第二种人是农民合作社社员。我们考察了很多农民合作社。重庆的梁平县是产西瓜的,每个乡都有西瓜合作社;那里的丘陵地带产茶叶,有各个茶叶合作社。在重庆的长寿、江津区,有柑橘合作社。农民参加柑橘生产,他们说,我们有这样四句话:人无我有(人家不种的我种);人有我优(你有我也有,我的质量比你好);人优我反季节(柑橘一般11、12月收,反季节柑橘则是每年5、6月份收,这时正是没柑橘,反季节柑橘上市了);人反季节我更讲诚信(讲诚信才能扩大市场)。

第三种人是农业企业下乡,他们带资本带技术下乡。我们在广东湛江市徐闻县考察过。那里隔了海峡就是海南省。那个地方经常干旱,土地产量低下,靠台风吃饭:台风来了水库就有水,台风少了灌溉就不足了。一些农业企业去和农民谈:你一亩地才打三五百斤粮食,我给你钱或者粮食,你把土地租给我。你愿意出去打工,租金按时给你;你不愿意出去打工,就当我企业的合同工。于是大片土地被农业企业所租,成立大农场。企业打深井,喷灌,引进国外新品种。我们去参观了,上万亩土地种的都是菠萝,产量已经达到全国的三分之一,立个大牌子,地名都改了,叫"菠萝的海"。

还有,农业企业在一些省市农村推行城镇化,比如把农村全包了,做了规划,认为这片土地适合种葡萄,那片土地适合种蔬菜,那片土地适合种其他东西。村民各按所长分配工作,有人分配种粮食,有人分配种菜,有人在果园工作,有的分配养猪、养牛,有的分到工厂,有的在社区里当勤杂工、做保安。公司把农村全接下来,接下来以后一律纳入工厂的体制。集团盖住宅,把农村改造为住宅区,家家有房住。另外,做工或种田的每月有工资,土地入股有红利。所以农业企业下乡是一个趋势。

现在看来,未来有人种田,不必担心。将来,农民是一种职业而不再是一种身份。中国的城乡一体化到现在为止还仅仅是单向的城乡一体化,即单向的由农村迁往城市。发达国家的城乡一体化是双向的,包括城里人愿意下乡务农的可以去务农。所以说双向城乡一体化是下一步的考虑。总之,中国农业的特色包括两个方面:一是走产业化的道路,另一个是走规模经营的道路。规模经营十分必要,现代中国农业即使产业化了,仍只是低端的产业化:一家十多亩地搞什么现代化?

经过这么多年的实践、探索,我们对城乡一体化已经有了新的认识。中国城镇化为什么重点放在体制改革上,从以上所说的可以懂得。某些地方的确有不正确的理解,一谈到城镇化就大规模上项目、扩建马路、建设大楼,而改革城乡二元体制则被忽略。所以,一定要把人的生活质量放在第一位。

(本文是作者在课题组于2014年5月16—17日在北京举办的第二次研讨会上的演讲整理稿,已经作者审定)

文章架构
一、改革开放以来我国城镇化方面取得的进展和当前面临的问题
二、中国未来城镇化将在三个层面同步展开
三、农村土地制度改革是推进城市化的重要前提
四、教育如何适应城镇化进程的需要

主要观点
　　就教育如何适应新型城镇化需要,文章提出了三个主要观点:第一,教育要培养创新型人才,通过开放合作,特别是跟发达国家办得好的大学合作办学来提升我们大学的科研水平和教学水平;第二,重视素质教育;第三,重视职业教育。

关　键　词
● 中国特色新型城镇化　● 教育改革

# 中国特色新型城镇化与教育改革

## 郑新立

中国城镇化促进会执行会长、中国国际经济交流中心副理事长、中央政策研究室原副主任、全国政协第十一届经济委员会副主任。

党的十八届三中全会对中国未来城镇化及相关的体制改革作出了一系列部署,紧接着,中央又出台了国家新型城镇化规划,把十八届三中全会的决定落实到具体操作层面,提出了许多政策和改革的措施。今天围绕着怎么能够探索走出一条中国特色的新型城镇化道路,通过城镇化来带动中国经济的持续健康发展,实现"三步走"的战略目标谈四个问题。

## 一、改革开放以来我国城镇化方面取得的进展和当前面临的问题

改革开放35年,我们在城镇化方面取得了重大进展,城镇人口从改革开放初期的1.7亿人增长到7.3亿人,城镇化率由1978年的17.9%提高到2013年的53.7%,由原来远远落后于全世界的平均水平到接近全世界城市化的平均水平,35年提高了35.8个百分点,平均每年提高1.02个百分点。

城市化率的提高带来了多方面的成效,一个是拉动了经济的增长,一个是国家的现代化,通过城市聚集各类生产要素,提高劳动生产率,成为经济发展强大的推动力。另外,随着城镇化水平提高,大量农村人口转入城市,由原来劳动生产率比较低的农业部门转移到劳动生产率比较高的第二产业、第三产业,分享到二、三产业创造的利润,为他们收入的增加提供了重要的条件。

现在到各地农村去看一看,农民盖起了楼房,生活水平大大地改善,农村机动车的入户率大幅度提高。现在一般的家庭都有一辆农用汽车,农业机械化水平也得到提高,这跟城镇化水平的提高关系非常密切。我的老家是河南,河南农民人均年收入跟山东比差1 000~2 000元,十七届三中全会之前我专门到河南、山东调研。从老百姓住房看,河南农民住房绝对比山东农民住房要好,河南农民70%~80%都住两三层的楼房,到山东盖楼房的人很少。我就问了很多人探究原因,为什么河南人均收入低而住房条件又比山东好?最后得出的结论就是河南的农民工大量到外边打工,河南输出农民工1 000万,是农民工输出第一大省。山东人受儒家"父母在不远游"的影响,不愿意出去打工,所以山东农民种地种得好,种的蔬菜出口哪个省也赶不上。但是,最终出去打工的收入远远超过在农村的收入,出去1 000万人,平均每人年收入3万元,1 000万就是3 000亿元。河南的财政收入一年1 000多亿元,我们农民在外边净赚了3 000亿元。他们除了自己在外边花了一部分,大量钱都攒下来回家买房子,出去打工5年回来就能盖小楼。如果没有城镇化,这么多农民固守在原来农村,种那几亩地,再种一两千年也富不起来,除非麦粒变成金粒。一个人种五六亩地,一户平均九亩地,种玉米、小麦纯收入不过一两千元,怎么能富起来?而城镇化为他们提供了高收入的就业机会,尽管在城里打工受了很多苦,拿的工资在城里最低,但比在家里种地的收入还是要高很多倍。所以农村面貌的改善,农民生活水平的提高,城镇化起了非常重要的作用。特别是农民工到城里以后接受了现代生产方式的教育,开阔了眼界。有一些出去较早的农民工现在已经开始返乡创业,带动了当地的工业化。而且农民工出去之后,他把自己的土地转让给其他农户耕种,提高了其他农户的经营规模,也增加了他们的收入。所以,出去一个人能富两户或者富几户。早期出去的,特别是80年代出去的那些农民工现在有的在城里都站稳脚跟了,他们的第二代

在城里已经上了大学且都毕业了,两代人在城里挣钱,现在有条件在城里买个房子,这在我们河南的信阳都有看到。河南信阳人出去得比较早,80年代就出去了,这些人到城里不回来了,家里的地转包给别人,在家的人也富起来了,出去的人也富起来了,这种变化确实是太大了。最近几年江西、安徽农民工都回乡创业。江西有一个政策,创业视同外资享受优惠政策,现在传统的农业地区新办的工业企业和三产企业有三分之一左右是返乡创业的农民工办的,对农村面貌的改善、农村经济发展、城乡结构调整发挥了至关重要的作用。城镇化是30多年中国城乡面貌、城乡二元结构最深刻的变化,在这个意义上怎么强调都不算过分。

美国的诺贝尔经济学奖获得者斯蒂格利茨认为,决定和影响21世纪全世界面貌的就是两件事,一个是中国的城镇化,一个是美国的高科技,这两点是讲得比较准的。中国几亿人口迁移到城市,过上现代化生活,传统的农业从业人员转到二、三产业,对世界经济的影响是非常重大而深远的,如果能够和美国的高科技结合(现在不仅是美国高科技,中国的创新成果也很多),与中国的自主创新结合,那将成为影响世界经济、影响人类社会历史进程的一股强大的力量。我们有13亿人,欧洲一共才8亿人,北美加起来不过4亿人口。我们中国13亿人过上现代化生活,这样的人口规模相当于欧洲加上北美的总和,所以它对全球市场需求的影响、供给的影响可以说是颠覆性的。那么,城镇化30多年跑得这么快有没有问题呢?我认为主要是有四个方面的问题。

第一,由于户籍制度的改革滞后于城镇化的进程,导致户籍城镇化率远远低于常住人口的城镇化率。现在常住人口的城镇化率是53.7%,户籍人口城镇化率只有36%,相差18个百分点。大量的农民工到城里(共有2.6亿人),由于户籍解决不了,附加在户籍上的各种公共服务他们享受不到,在城里是二等公民,而且带来很多社会问题。现在留守儿童6 000万人,留守妇女4 600万人,留守老人4 000万人。这留在家里的老老小小和妇女有1.5亿人,加上城里的2.6亿人,4亿人口不能与家人一起过上正常的家庭生活,给他们带来了极大的困难,特别是对留守儿童心灵上带来了巨大的创伤。有位中央领导同志到一个村里去看留守儿童,村里领导说中央领导来看你了,高兴高兴,赶紧拨通妈妈的电话,结果一听到妈妈的电话孩子一下子失声痛哭:妈,你不要我了!村领导说不要哭了,中央领导看你了,孩子根本不理会领导不领导,还在那儿哭。后来中央领导把这件事儿讲给我们听,听了以后真是不好受。6 000万儿童,在他们成长的时候得不到父母的帮助与教育,得不到母爱父爱,光靠老人,爷爷奶奶和姥姥姥爷。老人们自己都照顾不了自己,能给孩子弄碗饭吃就不错了,没有能力进行教育。所以一家人能够团聚成为当前要办的一件大事。最近我们在搞群众路线教育,毛主席讲群众的柴米油盐都要关心,现在这4亿人想的就是全家团聚,如果我们共产党把这4亿人全家团聚的问题解决了,我看比柴米油盐还重要很多倍。而且我们现在也有办法、有能力解决,三中全会的决定提出了相关的改革措施,需要加快推进。

第二,城镇化在区域上很不平衡。沿海地区率先改革开放,交通又比较方便,易吸引外资,所以工业化与城镇化都是在沿海地区。沿海地区现在集中了大量的农民工。广东外来务工人员超过1亿,浙江、江苏等沿海地区吸纳了大量的中西部劳动力。这些地方发展起来了,但是把原来很好的稻田都变成钢筋水泥地,即便有稻田,也很少,星星点点的。浙江省稻田的面积减少了50%,

现在大量地依靠粮食进口,由外省调入。浙江人跑到黑龙江签协议拿点地,在那里承包土地,种大米运到浙江去。城镇化不均衡,都集中到沿海地方,中西部的城镇化率明显滞后,带来好多问题,一到节假日几亿人候鸟式的来回跑。现在沿海的地方水也没了,地也没了,来的新项目、好项目落不了地。特别是珠三角这个地方,从香港、深圳、东莞、广州到佛山,南北200公里,东西大概50公里的狭长地带,现在集中了6 000多万人,就珠江口东岸狭小的地方集中了整个韩国的人口。原来东江水是很充沛的,珠三角是很好的地带,现在东江没水了,再增加人口,淡水供给都成问题了,项目也落不了地。东莞原来就是一个县,几十万人,现在一下子膨胀到1 000多万人,一个县变成一个世界级的千万人大城市,自然资源、淡水资源不堪重负。而我们中西部的城市还不行,发展滞后,盖了房子没人住,主要是产业不配套,没有机会。所以区域发展严重不平衡。

第三,城市的管理滞后于城镇化的进程。由于城市管理没有跟上造城膨胀起来的新型城市,交通拥堵,房价一涨再涨,北京没办法只好限制购买汽车,而且现在限制购买汽车的城市越来越多。现在人口集中到几个大城市,房价一平米5万至8万元,上海、北京、杭州、深圳、青岛房价涨得太高,太离谱。房价涨得太高也制约了城市的竞争力,想要的一些高层次人才来不了。在北京,百度一年想招几百名大学生、研究生,但是北京市一年只给几十个指标,不能让你膨胀了,少数几个城市人口过度膨胀,房价过高也影响这些城市的发展,以及一些企业竞争力的提高。

第四,千城一面,没有特色。特别是楼房建筑,街道起洋名,起外国的名字,城市没有自己的特色,城市土地的利用粗放,面积上摊大饼,增长得很快,但是土地集约化利用还不够,城市里的绿地面积也比较少,楼房盖得过于密集,城市成为一个钢筋水泥的森林,若干年以后谁在那里住?

所以快速城镇化带来了这些新的问题,是必然的,有些问题可能考虑到了,有些问题还没有来得及考虑。在城镇化过程中我们要有针对性地解决这些问题,使我们的城镇化能够持续健康发展,走出中国特色城镇化道路。

## 二、中国未来城镇化将在三个层面同步展开

第一,三大都市群。一是京津冀,形成以北京和天津为两极的环渤海都市群;二是以上海为中心的长三角都市群;三是以广州为中心的珠三角都市群。这三大群中经济总量最大的是长三角,GDP总量达到17 000亿美元;第二是环渤海,有15 000亿美元;第三是珠三角,有13 000亿美元。三大都市群占全国经济总量的比例接近30%。再经过十年的发展,三大都市群各翻一番,经济总量都将超过2万亿美元,超过目前世界上最大的两大都市群——纽约都市群和东京都市群的经济总量(现在这两大都市群经济总量都在2万亿美元左右)。到2025年前后,中国三大都市群崛起于世界,它的人口、产业、信息、资本高度密集,将成为中国经济发展的三大引擎,也将带动世界经济的发展。

第二,以省会城市为中心,以周边的地级市为节点形成次区域的城市群。现在已经有一定规模的,比如以郑州、武汉、长沙为中心和以重庆、成都为两极的城市群,发展得比较好。还有其他一

些以省会城市为中心的城市群也发展得不错,它们将会成为拉动省域经济发展的重要力量。

第三,以小城镇和新型社区为依托,形成就地城镇化的格局。在苏南和浙江,许多发达的农村已经形成就地城镇化的局面。比如昆山、江阴、张家港、吴江、安吉、余姚、绍兴等城市,在县域的范围内形成半小时生产圈,交通非常发达,县域经济也非常发达,农民大部分在二、三产业就业。现在农民住的都是别墅式的房子,非常漂亮。安吉那个地方依山傍水,昆山、江阴农民的房子后面一片树林,前面一个池塘,清静优雅,比城里人的住房条件强多了,这些地方的农民就不会往城里跑。这就像德国,城市化率已经达到 90% 以上,是一个城市化非常成熟的国家,但是德国的人口 67% 住在小城镇里,住在 5 万、10 万人的小城镇。依托银行或一个工厂就能形成一个小城镇,住在那里的人大部分就地工作,步行都可以上下班。我在德国时去了几个城市,有一个住宅银行小镇,就只有四五万人,二战以后到现在几十年,居民都是银行的员工。再比如大众汽车,依托大众汽车形成了一个小城镇,依托奔驰汽车也形成了小城镇。德国人讨厌大城市,不愿意往大城市去,愿意住在小城镇里,非常安逸,上下班非常方便,既没有噪声的困扰,又没有交通拥堵。

应当充分肯定我国经济发达地区现在形成的就地城镇化的局面,今后凡是经济发达,特别是县域经济发达的地方要鼓励他们形成这种就地城镇化的局面。在这些地方,现在学生考上名牌大学了户口都不愿意转走,转走了农村福利没了。现在农村享受的公共服务与城里人一样,养老保险、医疗保险都与城里一样。苏州基本上已经到了后工业化时代,苏州市 1 万多平方公里,1 300 万人,2013 年 GDP 1.3 万亿元,正好人均 10 万元,约合 1.6 万多美元。苏州比全国平均水平超前十几年,全国到 2030 年能达到这个水平就不错了。而且苏州是组团式发展,没有交通拥堵,它不同于北京摊大饼式的发展。它的几个县级市如昆山、张家港、吴江、太仓,由于经济是原来乡镇企业发展起来的,每个乡自己都有配套,每个乡的老百姓都是在本地发展起来的,所以都是在本地就业的,没有跨县跨区就业,没有像北京潮汐式的人口,交通也不是很拥堵,汽车保有量约 200 万辆。

苏州城市化组团式的发展模式最为典型,和洛杉矶一样。大洛杉矶也是城市组团式发展,各个城区的居民就在本区上班,高速公路将各个区域连接起来。大量人口就在这个地方工作生活,不需要跨区跑,所以城区里边的人口交通压力小。不像北京建了一个回龙观小区,一个天通苑小区,两个小区形成 30 万人的住区,又没有就业机会,很多是高校老师在那住,早晨起来跑城里上班,晚上回去睡觉,十几万人一下子出来一下子进去,老天爷再有本事也解决不了交通问题,造成睡城,形成潮汐式的人流,这是城市布局缺乏长远规划所带来的。

上述三种模式都需要用现代的交通方式把大大小小的城市连接起来,特别是高铁,是国人的骄傲,是绿色运输方式,运输量大。如果用高铁把大城市和中等城市、小城市连接起来,就可以形成半小时生活圈和一小时商务圈。半小时生活圈半径在一二百公里之内,一小时商务圈的半径可以到 300 公里,可以解决大城市就业机会多、生活成本高,小城市和小城镇就业机会少,但是生活成本低的矛盾。所以现在有一个词叫公共交通导向型发展模式(TOD),就是交通引导生产力布局和城市发展。现在中国正是高铁建设的黄金时期。一些媒体说现在高铁负债是 1 万多亿元,银行贷款压力太大,实际是杞人忧天。高铁在建设阶段必然负债率会高一些,8 年、10 年之后高铁网络形成了，效益发挥出来了，坐着点票子就是了，现在这点债务根本不在话下，是媒体在瞎炒作。而且现在我们铁路几十年建设都是在城市核心最好的地段，火车站周围占用大量的土地，现在把这些土地重新评估一下，资本金就可以翻番。最近中铁公司发通知，对铁路公司占用地皮的价格进行评估，评估之后他们资本金上来了，债务率下来了，根本不用担心。所以要通过交通把城市连接起来，通过现代化的、大运量的、交通工具的发展优化生产力的布局。原有的交通使产业放在沿海能方便一点，现在有了现代化的交通工具，产业可以向中西部转移。

另外，根据现在的条件，原来想都不敢想的事现在也可以干。比如我去兰州，兰州历史上做了几十年在黄河边上建城，逐水而居，花了这么长时间把兰化、兰钢都建到狭长地带，所以兰州在20世纪六七十年代化学污染严重。现在全球公布的十个污染最严重的城市，兰州排第一。但现在它有条件了，最近在做BOT(build-operate-transfer，即建设—经营—转让)，请一家民营企业建一座新城，在黄河北岸大沙丘上，需要推平黄土堆的浅丘。按照原来的效率要建三年，结果民营企业几个月就做出来了。在人类历史上从来没有几千台挖掘机同时施工的景象，对现代的工程机械能力确实要超出预想。所以我说，兰州市已经从沿河发展时代进入人造平原发展时代。围绕离老城几十公里的飞机场，准备造200多平方公里的平原，在那个地方可以开展项目，然后把老城区里的污染工厂都迁出来，只有这样才有可能把城市留给人居住。

城市化在三个层面逐步展开，形成一个合理格局，保证今后十几年到二十年能够保持每年提高一个百分点的速度，到2030年还有16年的时间，再提高16个百分点，就由现在53.7%提高到70%。这样，我们城市化率基本上可以稳定下来，城乡结构大幅度改变的状况基本上停止了，将来逐步再提高。所以未来16年城镇化是拉动中国经济持续增长的、最强大的动力源泉。

最近好多人唱衰中国，说中国快速增长期已经结束了，我不赞成这个观点。因为我们现在城市化率按照户籍只有30%多，按常住人口才50%出头。当城市化率达到70%时，每增加一个城市人口，增加的城市基础设施建设费都在10万元，再加上消费需求，会创造很大的城市基础设施建设的投资需求和消费需求，将持续不断地拉动中国经济增长。所以到2030年之前，整体上都应当处于快速增长期。

如果在这之前速度掉下来了，不是因为别的原因，而是因为体制和政策出问题了。我有这样一个强烈的判断，不要怨这怨那，首先找找体制上有什么毛病，有没有把城市化的潜力释放出来，现行政策是推动了城镇化还是阻碍了城镇化。如果体制理顺了，城市化还能保持一年一个点的增长，那么未来十几年的增长没问题。2013年，我国人均GDP为6 750美元，到2020年实现全面小康，2022年人均GDP可以达到12 000美元，跨入高收入国家行列；到2030年人均GDP达到17 000美元，在这之前，我国都应当处于快速增长期。因为日本、韩国以及台湾地区都有这样的经验，人均17 000美元之前都处于快速增长期，到了17 000美元速度明显下降。20世纪70年代，韩国人均GDP比我们还低，现在韩国已经走在前面了，2013年人均GDP达到24 000美元。所以，我们这么大的国家2030年达到人均GDP 17 000美元应该是可以做到的。在这十几年时间内，关键看我们城市化的政策改革能不能到位。

## 三、农村土地制度改革是推进城市化的重要前提

十八届三中全会的重要决定对农村土地制度改革有三大突破。

第一,农户承包地可以抵押担保转让。在2013年底召开的中央农村工作会议上,习近平总书记有一个重要讲话,把农村承包地改革概括为"三权分立",即所有权归村集体、承包权归农户、经营权放开,而且提出要稳定所有权,落实承包权,放开搞活经营权。农村承包地改革按照这个思路越来越清晰了。

现在有一些从西方回来的学者总觉得承包到户还不过瘾,再往前走一步就成土地私有制了。那还要土地公有制干什么,这个建议千万不能听。中国土地私有制也不是没干过,已经干了几千年,土地私有制并没有给中国带来什么好处。中国几千年土地私有制使土地成为资本积聚的终点,人们有了钱就是买地,拥有土地的多少显示财富,形成周期性的土地高度兼并,然后阶级矛盾尖锐,爆发农民起义,推翻一个王朝,平分地权以缓解土地的矛盾。又过了几百年土地高度兼并,又爆发农民起义。几千年这么折腾下来了,土地私有制必然导致土地的高度兼并,失地农民变成无产者。

这个经验不仅是中国的,外国也是这样的。到巴西、墨西哥一看,这些国家之所以长期落入中等收入陷阱,很重要的原因就是农民在农村失去了土地,地都被地主、资本家兼并了,大量地兼并,失地农民跑到城里一没有财产,二没有住房,三没有劳动技能,在城里山坡上,像里约热内卢山上都是贫民窟。最近主办世界杯,还不让记者拍照,太丢人了。印度孟买有1 000万多人,其中500多万人住在贫民窟,简直不堪入目,起码的卫生设施都没有,人怎么住?这些人没有工作,没有稳定的收入,贫民窟成为城市的毒瘤没办法解决。那么,我们这次改革把土地承包经营权三权分立,即使拿耕地抵押了,还不了账,银行把抵押权拿来,拿到的不是所有权,所有权还是归村里,这样避免农村土地的高度兼并,所以村集体所有是中国特色社会主义的一个重要特征,这点不容变。如果一再有教授学者鼓吹这些,我们就批驳他不能这样干。

承包地如果可以抵押担保转让,承包权就成为一种商品,具有交换价值,它的交换价值是多少呢?18亿亩耕地,在中国中部一亩地转让费500~700元,东部大概1 000~2 000元。按一亩地700元转包费,18亿亩耕地一年转包费理论计算可以达到1万亿元。当然不可能都转让,理论上,农民农户凭借自己对土地承包经营权转让以后坐收地租一年可以收1万亿元。而且,投资农业,集约化农业的回报率可以达到30%以上。现在河南已有这样的实践,统一播种,统一管理,亩产可以大大提高。所以,投资农业现代化,扣除交给农民的转让费,净回报率还能超过30%。

有的地方农户把地转交给别人种,自己不种,转包费比自己种还要高。我去岳阳调研,一个村二三百户人家,一户大概10亩水田,原来自己种10亩水田纯收入一年5 000~6 000元,现在转包费10亩一年7 000元,比自己种纯收入还高1 000多元。土地交给别人种,劳动力解放出来,就地打工,不愿意在当地打工的到城里。农民工在苏州、东莞一个月3 000元以下免谈,实际上,他们

拿到的钱都有四五千元，因为有加班费，3 000元是底线。农民从土地上解放出来，一部分富余的劳动力转到二、三产业，而且农村土地集约化经营，劳动生产力可以提高，这就为农业现代化创造了条件。中部南方双季农业地区，一个劳动力种五六亩地，达到起码的规模经营要求，收入就可以和二、三产业持平。我到固始县看，全村地一个人种了1万多亩，太累了不种了，大家说你种得好让你种，农忙的时候雇工，一年纯收入达到几十万元。农村劳动力就有这么大潜力，所以没有规模化经营就没有农业现代化。农民收入提高不了，城乡差距难以缩小。这第一个改革承包地可以抵押转让，为农业现代化创造了条件。

第二，农户的宅基地可以抵押担保转让。这是一个重大突破。全国城乡建设用地一共22万平方公里，宅基地有17万平方公里，县以上的城市建设用地才占5万平方公里。17万平方公里农村宅基地，合2.55亿亩。宅基地可以抵押担保转让，是商品了。现在根据重庆转让土地的价格，宅基地一亩20万元，17万平方公里合2.55亿亩，我算了一下有51万亿元。而全国银行居民储蓄存款余额加在一起也就50万亿元。农民一下有这么多财产，财产不转让实现不了价值，但至少进城的农民工把农村宅基地退出去，再加上房产能卖几十万元，在城里租房子、买房子就有条件了。所以宅基地的商品化为农民工的市民化创造了条件。我们农民对政策的理解水平比较低，不知道这个政策有这么大的含金量，我说这个大红包大得不得了，农民应当放鞭炮。

第三，农村集体经营性建设用地可以与城市国有土地同权同价，在城市郊区农民也可以依靠集体经营性建设用地出让获得高收入。

所以我把这三个重大突破说成是三中全会《决定》送给农民的三个大红包，红包能不能落实，现在靠改革了。当然《决定》讲了要依法进行，在转让过程中土地的使用性质不能改变，耕地是耕地，建设用地是建设用地，宅基地是建设用地，不能够变性，变性得经过法律的程序。另外要符合城乡建设的规划。在城市建设，哪些是农村宅基地，粮食耕地、宅基地要符合城乡建设的规划。《决定》提出要慎重稳妥地推进，但是毕竟把土地三大制度突破写进去了，我认为这是三中全会《决定》最大的突破，而且是对中国未来，特别是对城乡二元结构影响最为深刻的一个重大突破。改革的落实将释放出巨大的红利。

## 四、教育如何适应城镇化进程的需要

我在这方面是外行，大家都是专家专门研究教育的，我想在这里点点题。

第一，教育要培养创新型人才，通过开放合作，特别是与发达国家办得好的大学合作办学来提升我国大学的科研水平和教学水平。我在2012年看到一个统计数字，全世界按照大学申请专利数量排名，前50名中国没有，美国有30所大学进入前50名。2013年又排了，中国大概进去了包括清华在内的一两所大学。当然这也不是全面衡量大学的创新能力，至少从一个侧面看出来我们的大学在创新能力上、在科研水平上、在培养创新型人才上与国外的大学差距较大。那怎么办呢？我想首先从师资上讲，要请到能够站在技术最前沿的教授来，才能够教出有创新能力的学生。过去我们比较穷,请不起外国教授,现在我们有钱了,一年给几十万、上百万美元还是能行的,一个大学想把这个学校的某个系办到世界一流水平,首先就是请有名的教授,特别是能够把我们在海外学成的人才请回来。有一个数字不一定准确,说美国大学物理系主任、数学系主任70%都是华人,那就先请回来帮助我们提升科研水平,这样才能培养出创新型人才。

第二,重视素质教育,要解决高分低能的问题。2013年我与哈佛大学商学院进行过一次交流,哈佛大学商学院的副院长带了十几个教授和我们座谈了一天。最后我请教了一个问题,说你们哈佛大学商学院这么有名,出了那么多商界政界的人才,你们在招生的时候有什么考虑?院长毫不犹豫地说,我们招生就是要选择有志于改变世界的人,这句话我听了以后印象非常深刻。他说我们不在乎你分数多少,分数是参考,也看,但是更多招生的时候看你的经历、申请、论文,通过与你交谈发现你有没有发展前途,有没有潜能,有没有改变世界的雄心壮志。我们就是要找这样的人。所以苗子选得好,最后经过教育培养的学生果然在美国大企业里当总裁、高层管理人员的居多。我想,我们中国能不能与他们合作办学,也搞素质教育,找那些愿意改变世界的人加以培养,这样,中国也造就一批世界领袖、商界领袖。

第三,重视职业教育。这个现在争议比较大,职业教育是我们的弱项。这方面国际上有不同的模式,德国和美国不一样,我比较赞赏德国职业教育双轨制的模式。教育部有一个职业教育司,我是非常支持职业教育司发展职业教育的,所以每年开年会都请我去讲讲,但是职业教育司在教育部被边缘化。现在我们培养了这么多学士、硕士、博士,学成以后找不到工作,有的学士毕业了再去学专业技能才能就业。而且,大学毕业生本科毕业就业一个月拿的工资一两千,如果要是能够开数控机床一个月能拿五六千,就业工资也不一样,这个市场导向未来会逼着我们重视职业教育。

我考察过瑞士职业教育,初中阶段就可以分流,70%以上的学生进入职业教育,和初中阶段相对应的是职业基础教育,和高中阶段相对应的是职业技术教育,和大专阶段相对应的是实际操作技能,经过三个阶段职业教育培养出来的木工自己可以画图,把房子盖起来,相当于助理工程师的水平。在瑞士,旅游是主导产业,经过三个阶段教育出来的学生去当服务员,会四门外语。瑞士四种语言都是国家语言,端盘子、洗碗做得非常有规矩,非常有职业素养,因为经过三个阶段职业教育的学生都经过严格训练。而我们现在大量缺乏严格训练职业技术工人,国人到国外也出洋相,旅游也出洋相,都说中国人素质差。我想我们怎么才能够提高三个教育(创新人才培养教育、素质培养教育和职业教育)的重视程度,这样为我们城市化提供人才支撑。

(本文是作者在课题组于2014年5月16—17日在北京举办的第二次研讨会上的演讲整理稿,已经作者审定)

**文章架构**

一、如何正确理解中国城镇化的"总量"

二、如何正确理解中国城镇化的"差异性"

三、如何正确理解中国城镇化的制度因素

**主要观点**

城镇化是人的城镇化,自然与学龄儿童密切相关。中国的城镇化具有以下三个特征:城镇化规模与速度的叠加是史无前例的,没有历史经验可借鉴,需要不断探索与创新;城镇化是千差万别的,不能"只见森林,不见树木",需要像观察细胞一样细化细化再细化地研究;城镇化具有鲜明的城乡二元体制特征,制度因素的剖析是城镇化研究的关键。城镇化的这些特征影响着学龄儿童的规模和流向,决定着未来的学校建在哪里、建多少。因此,不论是国家层面的基础教育规划,还是省级层面、市级层面的基础教育规划,都需要把握好城镇化的这三个特征。

**关 键 词**

● 城镇化 ● 中国特色的城镇化 ● 城镇化的规模与速度

● 城镇化的差异性 ● 体制机制

# 如何正确理解中国的城镇化

—— 邱爱军 ——

女,国家发改委城市中心副主任,研究员。长期从事城镇化、城市和小城镇发展的政策研究工作,为国家城镇化政策提供前期咨询研究;曾主持多项地方城镇发展规划,为地方政府提供城镇发展战略、发展规划和发展项目评估等咨询服务;长期从事城镇化国际合作研究,先后主持或执行主持联合国儿童基金会、世界银行、亚洲开发银行等国际机构的技术援助项目;合著有《促进城镇健康发展的规划研究》《中国小城镇及区域规划回顾》《中国城镇化战略选择政策研究》等;数次获省部级优秀研究成果奖。

亚里士多德说,"人们来到城市是为了生活,人们居住在城市是为了生活得更好。"1984年,"允许农民自理口粮到集镇落户"的政策开启了中国城镇化进程,越来越多的农民"来到"城镇。如今,中国的城镇人口数已超过农村人口,中国已进入"城市时代"。在中国的城镇化成为中外关注的热点时,如何正确、准确地理解中国的城镇化就显得尤为重要。所谓城镇化,一方面是生活方式要发生改变,要么农村人口通过向城镇集中,享受到城镇生活方式,要么通过城镇基础设施及公共服务设施向农村延伸,使生活在乡村的人们过上和城里人一样的生活;另一方面是生产方式要发生改变。随着农业劳动生产率的提高,同等面积土地需要的劳动力越来越少,越来越多的农村人口成为"剩余"劳动力,开始转向非农产业。这种原本自然的历史过程,因为制度的不同而相去甚远。

## 一、如何正确理解中国城镇化的"总量"

2000年,美国经济学家诺贝尔经济学奖获得者斯蒂格利茨说:影响21世纪人类社会进程的两件事情,一是以美国为首的新技术革命,二是中国的城镇化。无独有偶,2012年,时任国务院副总理的李克强在布鲁塞尔也曾说过:当"欧洲设计"遇上"中国制造","欧洲技术"遇上"中国市场"时,就会产生显著的效应。那么,推动形成"中国市场"的城镇化具有什么样的特征呢?

首先,要了解中国城镇化的速度有多快。改革开放推动了中国经济的快速增长,也推动了中国城镇化的快速增长。1978年中国的城镇化率仅有17.92%,2013年中国常住人口城镇化率已经达到53.73%。特别是2000年以来,中国的城镇化进入快速增长阶段,城镇化率达到年均增长1.3个百分点的速度,使中国的城镇化率从36.2%提高到53.73%。世界城镇化率数据表明,较早实现城镇化的欧美国家都用了相对比较长的时间,50年以上甚至100年的时间,才实现城镇化率从25%到50%以上翻番的历程。而包括中国在内的一些后发亚洲国家和地区城镇化的速度则较快,同样的历程所用时间均不到30年。中国的城镇化速度如此之快,必然会将发达国家缓慢城镇化过程中逐步解决的问题累积在一起,导致更严重的问题,比如城市交通拥堵、空气质量下降等。

表1　　　　　　　　　　　城镇化速度的国际对比

| 国家 | 城镇化率(%) | 所花时间(年) | 年均增长(%) | 当前城镇化率(%) |
| --- | --- | --- | --- | --- |
| 英国 | 25~50.2 | 100 | 0.25 | 82.1 |
| 德国 | 25~54.4 | 57 | 0.52 | 74.9 |
| 法国 | 25~53.2 | 95 | 0.30 | 79.1 |
| 美国 | 28.2~56.5 | 60 | 0.47 | 81.3 |
| 日本 | 32.7~56 | 10 | 2.3 | 92.5 |
| 韩国 | 27.7~57 | 20 | 1.47 | 91 |
| 巴西 | 25~54 | 50 | 0.58 | 85.2 |
| 台湾地区 | 24.1~63.8 | 28 | 1.42 | 85 |
| 中国 | 26.9~53.7 | 22 | 1.22 | 53.7 |

资料来源:中国城市和小城镇中心内部资料,2014。

其次,要了解中国城镇化的规模有多大。从全球人口看,中国和印度是全球仅有的两个人口超级大国。根据印度 2011 年第十五次人口普查①的数据,印度总人口超过 12 亿,但其城镇化率仅为 31.2%,城镇人口不足 3.8 亿人②。2013 年年底,中国的总人口约 13.7 亿,城镇化率高达 53.7%,居住在城镇的人口超过了 7.3 亿人③,几乎相当于印度城镇人口的 2 倍,远高于美日人口的总和(美国 3.15 亿人,日本 1.26 亿),也比欧盟 27 个成员国的人口总和还要多。如此规模的城镇人口,对全球而言,意味着巨大的消费需求。据统计,2014 年全球奢侈品消费 2 320 亿美元,中国人在全球购买的奢侈品达到 1 060 亿美元,即买走了全球 46%的奢侈品。④不过,其中 76%是在国外购买的。基于中国巨大的消费需求,2015 年 3 月 8 日,香奈儿推出"全球平衡售价"政策,中国的价格降低了 20%⑤,希望进一步推动其在中国国内市场的销售。

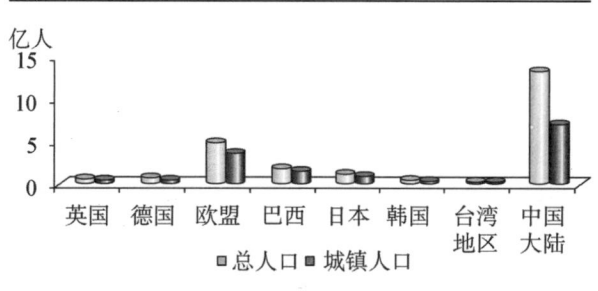

数据来源:世界银行数据库。
图 1　部分国家和地区总人口和城镇人口对比

再次,要了解中国城镇化的不确定性有多强。因为中国有独特的城乡区分的户籍管理制度,在中国的 7.3 亿城镇人口中约有 2.34 亿人口为农民工及其随迁家属,这部分人口又被称为"流动人口"。其流动性的特征明显:一是离开了其户籍所在地,"流动"到他地就业或居住;二是签署长期劳动合同的几率较低,即使是 2012 年,全国外出农民工签订劳动合同的仅占 43.9%⑥,春节返乡后往往重新寻找就业机会,"流动"到新的就业城镇;三是农民工主要在建筑、餐饮、制造业从事体力劳动,到一定的年龄后,往往被迫"流动"回家乡;四是女性农民工往往在婚后不久"流回"到家乡生育,大多不再返城就业;五是农民工的子女往往与父母分离,成为其户籍所在地的留守儿童。2012 年的数据显示,随着年级的升高,随迁子女在校就读的人数呈现逐渐下降的趋势。其中,跨省流动的随迁子女人数下降更快,从一年级 101 万降至九年级 35 万,下降了 66 万人,占同年级学生比例从 5.86%降至 2.22%。⑦当然,随着政策环境的改善,这种流动性在悄然改变。2008 年,农民工中 40 岁以下的人员占到 70%,2012 年,这一比例已下降到 59.3%;2013 年,6—15 岁子女随父母流动到就业地的比例已达到 62.5%⑧。全国妇联的研究报告也显示,义务教育阶段,随迁子女数量从 2009 年的 997 万增加到 2012 年的 1 394 万。

当巨量的城镇人口快速集聚,又快速流动时,城镇政府必然面临巨大的挑战。快速增长意味着新变化、新常态,要求有较强的应对方法、政策;巨量意味着任何决策都可能产生巨大的影响,没有历史经验可供借鉴;流动意味着不确定性,而不确定性将影响到城镇公共资源,特别是基本公共服务的配置。因此,中国城镇化虽然会形成巨大的市场,推动经济的增长,但是,也需要城镇政府不断增强管理城市的能力,科学决策,适时调整。

## 二、如何正确理解中国城镇化的"差异性"

新世纪以来,城市建设日新月异,城市市政设施供给能力和服务水平明显提高。2012年,城市人均道路面积从2000年的6.1平方米增加到13.8平方米;城市用水普及率从63.9%提高到97.2%;城市污水处理率从34.3%提高到87.3%;燃气普及率从44.6%提高到93.2%。⑨中国城镇化的速度比以往更快,2012年,中国的城镇化率达到52.57%⑩,与世界平均水平相当。北京、上海、深圳、广州等特大城市展现在世界面前的是繁荣、靓丽的现代化大都市。然而,在中国广袤大地上进行的城镇化却是千差万别的。

首先,要了解中国城镇化的区域差异有多大。2013年,我国东中西部地区城镇化率分别为63%、49.7%和46%,东部地区城镇化率分别比中部、西部约高出13.3和17个百分点。城镇化率最高的广东省高达67.76%,除西藏外(22.75%),最低的贵州仅有37.83%。不同区域的经济发展水平也有显著的差异。2010年,东部地区地均GDP为2 533万元/平方公里,分别是东北地区的5.32倍、中部地区的3.02倍、西部地区的21.29倍;东部地区的人均GDP为45 798元/人,分别为东北地区的1.34倍、中部地区的1.90倍和西部地区的2.03倍。人口集聚程度也有显著的区域差异。2010年,东部地区常住人口的密度是553人/平方公里,分别是东北地区的3.98倍、中部地区的1.59倍和西部地区的10.43倍⑪。一般而言,一个区域的城镇密度越高,其公共服务供给将更为有效。中国城镇的分布密度存在严重的不平衡。以2010年为例,县级市分布密度,东部地区为每万平方公里1.54个、东北地区为0.69个、中部地区为0.86个,西部地区为0.10个;建制镇的密度,每万平方公里分别为61.61个、18.69个、49.29个、8.43个。⑫在城乡差异突出的前提下,城镇密度差异如此大的不同区域,基础教育的规划与布局必须因地制宜,采取差异化政策。如此显著的区域差异要求研究者必须进行区域细分的政策研究。

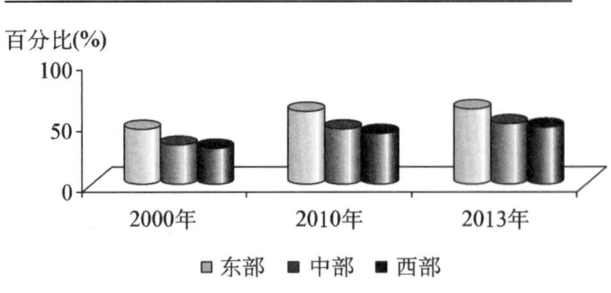

数据来源:历年中国统计年鉴。
图2 中国东中西部地区城镇化情况

其次，要了解中国的城市与城市之间的不同。与国外城市自治的体制不同，中国的城市是具有行政等级的，而且是城市可以管辖城市的。2013年，全国共有城市658个，其中省级直辖市4个，副省级城市15个，地级市271个，县级市368个，还有20 117个建制镇。因行政等级不同，城市间存在隶属关系，比如青岛市是副省级城市，胶州市、即墨市、平度市、胶南市、莱西市均为县级市，隶属于青岛，而李各庄镇又是隶属于胶州市的建制镇。一方面，由于城市所处等级不同，其行政权力大不相同；另一方面，由于城市所处等级不同，其城市可调动与配置的公共资源也大不相同，公共服务的水平也有很大的差异。比如，青海省在《关于规范民政基础设施建设项目申报工作的通知》中明确规定，"各地申请民政基础设施建设项目，必须逐级上报。县（市、区、行委）负责上报到州（地、市），再由各州（地、市）民政局统一报省厅。省厅不直接受理县（市、区、行委）的项目申请。"结果，行政等级越高的城市，其城市建设投入越多，城市的优质医院、学校越多。比如，目前，全国排名前50位的大学中，有9所在北京；全国知名的260所全国重点中学中，北京占10所；截至2011年全国1 399所三级医院，北京有51所，约占华北地区三级医院总数的24%⑬。在2万个建制镇中，有1 600多个是城关镇，又称县城，因其为县政府所在地，其基础设施的水平比一般建制镇要好很多。但是，即便如此，与城市的水平相比，县城还是有相当的差距。另外，建制镇的人口规模差异也很大，其中有770多个建制镇的镇区人口超过了5万人（最小的建制镇镇区人口仅有2 000多人），其中又有200多个建制镇的镇区人口超过10万人。这样的"特大镇"，其经济发展水平、基础设施条件和公共服务水平也远远高出普通建制镇，甚至超过某些城市。

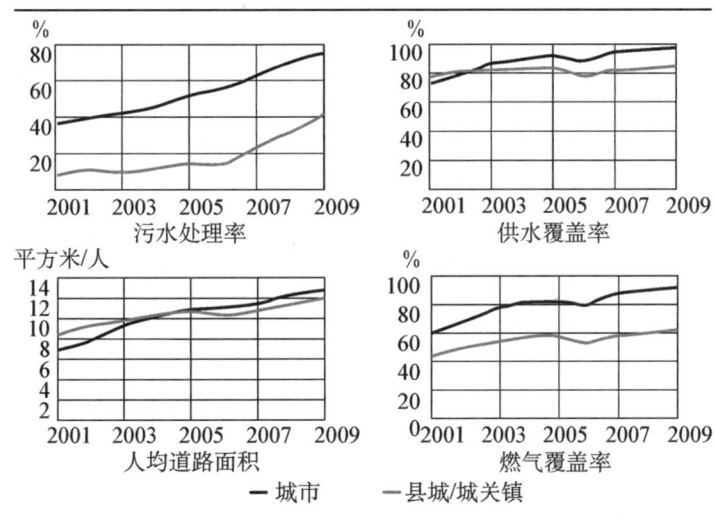

资料来源：世界银行《中国中小城镇概述》，2012：36.

图3 中国的城市和县城（城关镇）基础设施发展的差异

再次，要了解中国城镇化的微观城乡差异有多大。从世界范围看，城乡差异是普遍存在的。不过，一个城市内部的公共服务水平通常是较为均衡的。但是，在中国现行的政府管理体制下，城市并不仅仅由城市建成区组成，还包括大面积的农村腹地，其城乡差异是较为突出的。从体制上看，中国的农村包括县和乡，而中国的地级以上城市一般都下辖县和乡。因此，尽管同属于一个城市，其经济发展水平和公共服务水平的差异也相当大，特别是基础教育水平。比如，山东青岛市市北区的中小学升学率高、教学质量高，青岛市下辖乡村的家长为了让孩子上好学校，专门到市北区打工、租房子。又比如，山西文水县城镇中学有的初中毕业班一个班七八十个孩子，一些乡下的学校则因教学质量不高，招不到学生。事实上，在北京这样的超大城市，以2011年为例，主城区人口密度较高。其中，人口密度最高的是西城区，每平方公里24 540人，最低的是丰台区，每平方公里7 096人，近郊区人口密度在每平方公里800~1 400人之间，远郊区的人口密度则在每平方公里500人以下，最低的是延庆，每平方公里只有160人。⑭

因为区域之间的差异，农民工从中西部流入东部地区；因为城市、城镇间的差异，农民工从主要流向小城镇，转而流动到更大的城市；因为城市内部有差异，城市中心城区的人口密度越来越高。因此，在进行公共服务的布局与规划时，不仅需要认真研究中国城镇化的总量特征，还需要深入研究区域间、城市间及城市内部的城镇化差异。

## 三、如何正确理解中国城镇化的制度因素

当我们向世界宣告中国已进入"城市时代"时，必须正视"伪城镇化"、"半城镇化"的质疑。2012年，中国的户籍人口城镇化率还仅仅只有35.3%，较之常住人口城镇化率的52.6%，还有17.3个百分点的差距。这部分人口尽管已成为我国产业工人的重要组成部分，但却未能享受到与就业地人口同等的基本公共服务。⑮于是，在《国家新型城镇化规划（2014—2020年）》突出强调"以人的城镇化为核心"时，必须深入剖析阻碍"人的城镇化"的深层次原因。

首先，要理解在中国的城镇化进程中户口究竟意味着什么。在讨论中国的城镇化问题时，提到最多的词大概就是"户籍制度"。1958年的户籍管理制度限制了人的自由迁徙。在此制度下，每个人拥有的权利就与他的出生地绑定了，所有的人被标签化为"农业人口"和"非农业人口"，因其户籍不同而享有不同的权利。1984年《中共中央关于一九八四年农村工作的通知》和国务院颁布《关于农民进集镇落户问题的通知》，历史性地突破了封闭的城乡户籍二元管理制度，农民可以自由"进入"城镇，甚至可以在一些小城镇落户。此后，随着市场经济的深入，农民"进"城变得越来越容易，到小城镇，甚至中小城市落户也变得相对容易了。但是，随着时间的推移，一些地方的城镇户口也变得不那么"吃香"。从早先的"求人"才能转，到后来的"明码标价"花钱就能转，再到后来政府"推动"的"被转户"。例如，2010年1月1日，沈阳市取消了农业户籍，实行"一元化"户口管理制度，但是当地农民响应者寥寥。究其原因，一方面，随着市场经济的推进，非农业户籍早先所拥有的就业优先、教育优先、入伍优先等特权，要么没有了，要么没有优势了；另一方面，城乡统一

的户口登记制度并未跟进与之相配套的养老、医疗和低保等方面的福利待遇。与此同时,北京、上海等地的户口却依然"抢手",因为拥有了北京户籍,就意味着子女更容易考入好大学,就意味者以较低的成本享受更好的医疗服务,就意味者退休后较高水平的社会保障,等等。户籍问题不仅仅是农民工面临的问题,也是几千万城镇间流动人口面临的问题。由此可见,户口在中国之所以重要,并不仅仅是因为中国设置了特别的人口管理制度,而是因为中国将各种公共福利与户口挂钩。因此,户籍问题的最终解决既要解决福利与户籍剥离的问题,也要解决基本公共服务均等化的问题。唯此,"居住证"制度的创新才能有效长久。

其次,要理解在中国的城镇化进程中土地究竟意味着什么。历史经验证明,城镇化必然带来土地的非农化、土地的开发与建设,但是,土地制度不同,城镇化进程中土地问题的处理方式就不同。与土地私有制的国家不同,中国的土地实行公有制,《宪法》明确规定,城市的土地属于国家所有,农村和城市郊区的土地,除由法律规定属于国家所有的以外,均属于集体所有。不过,国家为了公共利益的需要,可以依照法律规定对土地实行征收或者征用并给予补偿。《土地管理法》规定,除兴办乡镇企业和村民建设住宅等可以申请使用农民集体所有的土地外,任何单位和个人进行建设,需要使用土地的,必须依法申请使用国有土地。因此,在我国现行土地基本制度框架下,城镇化发展过程中城镇建设用地的扩展过程,在土地权属关系上表现为农民集体所有的土地被征收为国有土地的过程。在一定程度上,数据及实地调研显示,中国的城镇化表现出了"土地城镇化快于人口城镇化"、城镇土地粗放利用、部分新城空置与农村房屋闲置等问题。另外,中国城镇化过程中还有独特的"建设用地指标"机制,即使是有物理意义上的土地可供建设,倘若没有建设用地指标,也不可以建设。而建设用地指标的分配是自上而下的,行政等级越高的城市政府往往获得较多的建设用地指标,其城市建设的速度也更快。事实上,在城镇化进程中,农村集体土地转换为城镇国有建设用地的过程不仅意味着城市的建设、人们生活方式的转变,更意味着各级政府、土地开发商、村集体、拥有土地使用权的农民个体之间的利益分配过程、权利博弈过程。所以,土地问题实质上是权利问题,是利益分配问题。无论是集体建设用地与国有建设用地的"同地不同权"的问题,还是"钉子户"引发的社会冲突问题,还是农民"被上楼"问题,都有待于对土地产权的明确界定、对"公共利益"的界定、对地方政府及相关部门土地处置权的明确界定。

再次,要理解中国城镇化进程中政府的钱怎么来、怎么花的问题。城镇化往往意味着城市建设和城市公共服务水平的提高。国外城镇化经验表明,城市建设的资金主要有以下途径:一是地方政府较为稳定的税收,二是市政债券,三是上级财政转移支付,四是公私合作投资建设。在中国现行的财政税收体制下,一是城市政府没有独立确定税种和税率的权力,在现有税收中其可支配的部分也较为有限;二是现行《预算法》不允许地方政府发行市政债券;三是公私合作的机制和模式还不完善,缺乏相应的配套政策;四是中央政府对地方的转移支付仍有相当大的比例采取专项资金的方式。总体上看,大部分城市政府的财政是"吃饭财政"。那么,中国日新月异的城市是如何获得投资的呢?一是"土地财政",2013 年地方政府的土地出让金收入高达 3.9 万亿元,⑯占地方财政收入的 35%。二是通过地方政府下属的各类城投公司间接获得的贷款。截至 2013 年 6 月底,中国地方政府负有偿还责任的债务超过10.88万亿元。从债务资金投向看,地方债主要用于基础设施建设和公益性项目。⑰一方面,"土地财政"并不是稳定的收入来源,另一方面地方政府间接贷款与现行法规冲突。而且,分析政府资金分配结构时不难发现,政府支出与城镇化的匹配程度不够,一方面,中央和地方在事权和财权的划分上还存在一定的问题。基本公共服务由地方政府承担过多,同时,中央对地方的转移支付仍然以户籍人口为依据,并未建立与城镇化常住人口相挂钩的转移支付制度。另一方面,城市政府在进行公共服务(如基础教育)建设投入时仍然以户籍人口为依据,城市政府在确定公共福利的水平时仍以覆盖户籍人口确定其财政可负担的标准,这样,流动人口与就业地福利水平的差距就可能越来越大。因此,要实现"三个一亿人"的城镇化目标,首先,必须调整现行的财税体制,适当调整中央与地方的事权,让中央承担更多的基本公共事权,推动基本公共服务的均等化;其次,建立以常住人口为基础的财政转移支付机制,使地方政府收入与其吸纳流动人口的量正相关,从而对农民工流入地政府形成接纳流动人口的激励机制;再次,改革现行税制,赋予城市政府征收主体税的权力,使地方政府有较为稳定的收入;最后,赋予城市政府发行市政债券的权力,一方面逐步将地方政府债务规范化,另一方面也使城市政府真正摆脱"土地财政"的困局。

综上,城镇化不仅仅是一个城镇化率的数字问题,而是一个全面的、综合性的社会问题。认识中国的城镇化必须从历史的、全球的视角去对比分析,理解其对中国经济和世界经济的意义;认识中国的城镇化必须细分数据,细化研究,在了解总量的同时认识其内部的差异;认识中国的城镇化必须透过现象看本质,在了解制度本质的基础上认识其所面临的各种挑战和机遇。

## 注释

① 印度每十年开展一次人口普查。
② 中国新闻网,印度蓝皮书:人口问题制约城镇化发展,http://finance.chinanews.com/cj/2013/05-10/4807467.shtml,2013年5月10日。
③《国家新型城镇化规划(2014—2020)》。
④《中国人去年消费全球近半奢侈品:七成购买在国外》,http://news.xinhuanet.com/fashion/2015-02/04/c_127454133.htm。
⑤ http://news.xinhuanet.com/fortune/2015-03/19/c_127596430.htm。
⑥ 国家统计局,2012年全国农民工监测调查报告。
⑦ 2014年09月22日,财新网,中国流动儿童数量十年增长超80%,http://china.caixin.com/2014-09-22/100731881.html。
⑧ 国家统计局,2013年全国农民工监测调查报告。
⑨《国家新型城镇化规划(2014—2020)》。
⑩ 中国2012年城镇化率达52.57%与世界平均水平相当,http://news.xinhuanet.com/politics/2013-06/26/c_116303664.htm。
⑪ 中国城市和小城镇改革发展中心课题组.中国城镇化战略选择政策研究.北京:人民出版社,2013:47,79.
⑫ 中国城市和小城镇改革发展中心课题组.中国城镇化战略选择政策研究.北京:人民出版社,2013:54—55.
⑬ 中国城市中心内部报告《北京市人口调控要有新思路》,2014年。
⑭ 中国城市中心内部报告《北京市人口调控要有新思路》,2014年。

⑮《国家新型城镇化规划(2014—2020 年)》。
⑯ 2013 年全国土地出让金 3.9 万亿　创历史新高. 第一财经日报,2014 - 7 - 14. http://www.askci.com/news/201407/14/141111120344.shtml.
⑰ 审计署:全国政府负有偿还责任债务额超 20 万亿,2013 - 12 - 30. http://money.163.com/13/1230/16/9HBT93IU00252G50.html.

文章架构
一、新型城镇化对教育需求和供给的影响
二、新型城镇化对教育均等化供给的影响
三、新型城镇化中教育资源与服务优化配置问题

主要观点

　　教育公平是社会公平的重要基础,而公民享受九年制义务教育的机会与过程的公平是其关键。新型城镇化有力促进城乡义务教育均衡发展,但是传统城镇化片面追求经济发展速度,对义务教育均衡发展带来一系列挑战,加剧了城乡义务教育资源的不均衡配置,主要表现在城乡义务教育经费、教育设施、师资队伍等诸多方面的资源配置不均衡。推进城乡义务教育均衡发展,需要各级政府协力落实国务院2010年颁布的《国家中长期教育改革和发展规划纲要(2010—2020年)》,完善相关立法,转变教育经费投入模式,加大对农村义务教育资源投入的力度。

关 键 词
● 教育公平 ● 教育需求 ● 资源均衡配置

# 新型城镇化进程中教育需求与供给问题的思考

## 周敏凯

同济大学二级教授;政治与国际关系学院博导,政治发展与政党现代化研究所所长;同济大学可持续发展与新型城镇化智库研究员;同济大学原法政学院常务副院长;1988年获华东师范大学历史学博士,兼任全国高校国际政治学会常务理事、中国政治学会理事、上海政治学会副会长、上海市台湾办公室咨询专家,上海市国际关系学会常务理事、上海市行政学会常务理事等。已出版《19世纪英国功利主义比较研究》(1989)、《资本主义的昨天与今日综合比较研究》(1992)、《当代资本主义国家文官制度》(1997)、《国际政治学》(2004)、《现当代西方主要社会思潮》(2012)等著作教材14部。已在《政治学研究》《国际问题研究》等期刊发表论文130余篇。曾获上海市哲学社会科学优秀论文二等奖、上海市邓小平理论研究优秀成果论文二等奖、宝钢优秀教师奖等。

## 一、新型城镇化对教育需求和供给的影响

党的"十八大"报告指出:"坚持中国特色新型城镇化道路,加快完善城乡一体化体制机制,促进城乡要素平等交换和公共资源均衡配置,形成以工促农、工农互惠、城乡一体的新型工农、城乡关系。"新型城镇化的关键与核心是新型城乡关系的确立和定位,也可以说是"城乡二元结构的重构",中国现代化进程中的农村不太可能像西方现代化进程中那样消失掉,中国新型城镇化只能是一种新型城乡二元结构的重构。在重构过程中,要坚持以人为本的城镇化原则,而以人为本的城镇化原则的关键因素之一就在于国民教育的均等化。新型城镇化对国民教育的影响,其实就是在重构城乡二元结构的过程中坚持以人为本的原则,关注城乡居民的教育公平与人的全面发展问题。

在新型城乡二元结构的重构中,一个很重要的表现就是人口市民化,大量的农村人口转移到城市以后,出现人口市民化的高潮,具体表现在三个方面:

一是农村人口市民化转变。2013年中央农村工作会议提出解决"三个一亿人"的目标,到2020年要解决约1亿进城常住的农业转移人口落户城镇,约1亿人口的城镇棚户区和城中村改造,约1亿人口在中西部地区的城镇化,同时新型城镇化与农业现代化相辅相成。亿万农村人口向市民转变,他们必然会产生对更高的城市生活的追求,其中就包括对城镇教育公平的需求这一新的生活目标。

二是区域性产业结构转型。中国经济发展存在地区差距,在东、中、西地区的经济发展梯度里,产业结构的梯度转型必然会引领人口有序转移。随着产业结构梯度转型与农村人口向城市转移,不同区域在不同产业结构下的教育资源配置存在差距,不同地区的城市居民对教育资源的要求存在差异,相同地区的新型市民对教育资源的要求也存在差异。因此,产业结构转型与新型城镇化的过程,在一定程度上也是国民教育资源再分配的过程。如何以人为本,合理配置教育资源,适应产业结构转型与新型城镇化的需求,已经成为全面建成小康社会的目标之一。

三是城市文化向农村扩散。从文化传播来看,相对而言,比较先进的文化教育资源基本上集中在城市,农村的文化教育资源相对落后匮乏。在新型城镇化进程中,亿万农民市民化,这些身在城镇,根在农村的新市民,往往成为传播城市先进文化的使者,他们会自觉不自觉地将城镇的先进文化教育理念、知识、习惯等资源,通过各种各样的方式和渠道导向农村,带动农村文化习俗的改革,带来农村文化教育的新气象。

城镇化对教育供给的影响,主要包括三方面:

(1) 对教育资源的空间布局提出了新的要求。原来农村的义务教育、基础教育和其他方方面面的教育已经随着农村主要劳动力的转移而呈现出萎缩的趋势,农村的教育资源空间本身就需要整体调整。与此同时,城镇的各类教育资源空间随着导入人口的剧增,受到很大冲击与挤压,也需要调整。如何在有限的城市空间内,正视城乡日益增加的不同教育需求,把现有的教育资源进一

步合理配置,盘活存量,扩大增量,这是城镇化对中国教育体制改革的新考验。

(2) 市民化的农民对职业教育的迫切需求及其随迁子女对城市基础教育的迫切需求。城镇化进程中进城的农民,作为城市生活中的新市民,迫切需要掌握在城市这个相对陌生的空间中谋生的技能;而城市生活也要求其掌握各类与日常生活关系密切的日用技能,掌握在城市谋生的一技之长,成为新市民站稳脚跟的生计。正视新市民对城市谋生技能的强烈渴求,有力推动着城镇职业技术教育的迅猛发展。

当然,农民进城后形成的新市民,由于各种原因,他们的发展空间会发生分化,因此,不同生活状况下的新市民对子女的教育需求,也会不同,呈现出多样化的特征。有些新市民子女可能满足于完成义务教育,有些需要专门的技术教育,学会一技之长就可以了,有些可能还期盼更高的学历教育。城镇化进程中,对城乡教育资源的多元化要求,实际上就是对中国教育资源在不同空间内的合理再配置问题,这是中国教育体制改革面临的重大挑战;在回应中国教育资源空间合理再配置挑战时,更应关注大量进城的农民兄弟的职业技术教育的需求,他们为了要在城市站住脚,渴望取得在城市谋生的一技之长,对职业教育的要求往往更加迫切;而他们的随迁子女则对城市基础教育也有相当迫切的需求。城镇化进程中,市民化的农民对中国国民教育体制的改革与发展将产生直接的深刻影响。与此同时,也应关注农村存量教育资源的再配置问题。

(3) 走向郊区和新区的市民子女对郊区和新区高质量基础教育的迫切需求。在关注新市民的教育新需求的同时,也必须正视城镇化进程中城市教育资源整体重新配置的问题,回应原驻地市民的新的教育诉求。城镇化进程中的各类城市都处在一个再造过程中,城市布局发生深刻变化。在城市再造过程中,城市中心区的居民往往大量迁移到郊区或远离市中心的偏远的新居住区。现在不少大城市出现郊区化问题,大量中心城区的市民导入郊区。一般而言,这些新居住区往往是市郊地区,教育文化卫生资源与中心市区相比,相对简单与匮乏。中心区居民迁移后最大的烦心事就是子女上学、就医远远不如老城区方便与资源优良,因为老城区有较好的城市教育与医疗卫生资源。因为导入区的教育发展水平相对较低,迁入导入区的中心市民必然会对导入区的教育资源配置不满,进而提出提升导入区教育资源质量,实现全市教育资源均等化的需求。新型城镇化进程中大城市教育资源的再配置与教育资源均等化的问题,已经成为十分迫切的教改问题,这也是二元城乡结构重构中必然会遭遇的教育体制改革与发展的新问题。

## 二、新型城镇化对教育均等化供给的影响

以人为本的新型城镇化需要坚守一个原则,就是体现社会公正公平原则的教育均等化。教育均等化最重要的是城乡居民、新老市民受教育的机会均等。

目前情况下,城市与农村之间的学生接受教育机会存在明显不均等现象。与此同时,城市居民的受教育机会也不均等。首先,大量的农村人口导入城市,他们在城镇中接受教育的机会与户籍居民相比不均等;大城市中心区市民迁移到郊区或偏远的导入区以后,与中心城区相比,教育机

会不均等;即使是城市教育,在不同城市之间的教育机会也不均等,例如北京、上海重点大学多,拥有北京和上海户口的高中生,入大学,尤其是重点大学的机会大大超过其他城市学生。总之,在新型城镇化进程中,实现教育均等化的目标、任务非常艰巨。

值得一提的是,教育机会的不均等直接导致受教育者的发展机会不公平,发展机会的不公平必然会导致社会阶层固化。富二代的子女会是富三代,官二代子女可能会是官三代,农民工子女以后还是个农民工,受教育机会的不均等导致人生发展机会的不公平,最终就可能导致严重的社会分化与阶层对立问题。所以教育均等化是非常重要的一个社会发展大问题。

要解决现代化进程中的教育均等化问题,中国尚缺乏这方面的经验。发达国家现代化已经历了很长的时间,中国可以批判借鉴其中的某些经验。课题组借鉴了以下三类国家的经验:

(1)美国经验。美国经过近百年的现代化,尽管存在地区发展的差别,但已经没有城乡差别。美国农村的概念与中国农村的概念不一样。相比而言,美国有钱人往往喜欢住在郊区,美国的教育资源基本上是中心区和偏远区的教育资源共享。地方教育由地方政府解决,州政府关注不多,联邦政府则要求地方市县政府加强对教育投入,而且要求相对均衡。

(2)日韩经验。日韩两国更多是通过制定专门的法律法规,保障义务教育的顺利推行,使其相对均等化。

(3)法国经验。针对农村偏远地区,中央政府制定义务教育特别扶持机制。在偏远地区专门设立单班小学,这类小学甚至可以只有几个小学生,但是不允许存在义务教育的空白地区。政府还采取助学金制度、开学补贴制度、上学交通补贴制度等,让偏远地区的学生也能得到相对公平的教育机会。

我国在这方面也有比较好的经验可供借鉴:

(1)合肥经验。政府主导对教育资源优化配置。合肥市政府对强校与弱校之间的兼并整合工作组织得比较好,在实现全市教育资源均等化方面,政府的作用比较明显。

(2)广东揭东经验。揭东县政府推进教育融资机制创新,颁布了教育捐赠的管理办法,允许社会私人组织、慈善机构为教育捐赠,拓展多种渠道,增加更多社会教育投入,促进农村教育发展。

(3)江苏经验。江苏经济发展比较快,政府强调城镇优秀教师资源的流动,优化城乡教师资源的整合与再配置,这对资源配置也是比较好的经验。

## 三、新型城镇化进程中教育资源与服务优化配置问题

在新型城镇化与城乡二元结构的重构中,教育资源的配置问题不仅仅是教育、经济问题,还涉及政治、法律、文化等多方面的问题。这是一项社会整体工程,教育资源空间调整与教育服务优化配置问题,不能仅仅由教育部讨论解决。从整体来看,教学资源的优化配置,其深层的问题是政府与社会的关系问题。教育改革与发展不能仅仅依靠政府来解决问题,而是需要适当运用市场机制,让市场机制发挥更大的作用。

在一定意义上,政府以前的传统办学,是政府自己直接办学或者政府直接指导与干预学校事务的办学模式。新型城镇化进程中的教育体制改革发展,必须改变传统办学模式,政府在教育发展中主要发挥宏观调控作用,或者说是顶层设计。在政府提出宏观政策的同时,应该充分发挥市场机制作用。例如,政府可以通过市场机制购买公共教育服务,形成优化的教育资源配置方式。这里面有两种优化教育资源配置的方案可供参考:

(1) 政府办学。主要是中国传统办学模式,政府全盘提供公共教育服务。教育部门现在基本上还是以政府办学模式为主,目前中国公办的高等教育就是如此,一定意义上是政府办学,受教育者购买教育服务,即大学生出钱读大学。

(2) 私人办学。政府购买教育服务,如英国私立教育就是这种方式。西方很多国家的高等教育都是受教育者购买教育服务。

以美国为例,在引入市场机制的前提下,地方政府可以给个人、家庭、学生有更多的教育选择权。个人与家庭可以选择私立学校,也可以选择公立学校。现在这种模式在国内也存在,比如上海的基础教育,既有公立学校,也有民办学校。公立学校上学可能没有什么经济条件的限制,到私立学校上学就可能有财力上的影响。

这种模式在引入市场机制以后,容易盘活教育资源,让家庭和学生有更多的教育选择权。此外,政府利用特许权,通过合同承包的形式,制定办学的规定标准,向私人部门招标,中标者要跟政府签订相对应的教育合同,政府出钱购买教育服务,同时监督办学,监督执行。由于政府给学校更多权力,在学校自主权增加的前提下,学生本身也有更多选择权。政府建立教育标准,办学的基本权力下放到学校,政府对学校的内部事务不干预,但是有控制权,学校办学积极性更大。

在对西方教育模式进行深入研究后,他们的经验给予我们了一些启示:

(1) 用法律形式确立与明确国家教育主导权。国家教育主导权必须是受到限制的权力,而不能是大包大揽的权力。

(2) 中小学基础教育阶段,教育权的核心是未成年人受教育权利。基础教育阶段,必须关注家长与学校的教育选择权利的问题。实际上,中小学教育的选择权更多是父母做出的选择,因此应该给受教育者和他们的父母提供私立学校、公立学校等各种各样受教育的选择权。其实,公民的受教育的选择权本身就是宪法赋予的公民的基本权利,限制公民对受教育的选择权是违法的行为,因此,基础教育阶段的教育资源合理公平配置,其实是保障公民基本权利的大问题。

(3) 只容许一种教育方式存在,无法充分保障公民的教育选择权利。应容许多种教育形式共存,以适应不同受教育者的需要。保障、促进、补助以及奖励私人办学应该成为政府的职责,目的在于拓展办学渠道,促进教育资源的增长,以满足多元社会下,不同受教育者的各种教育需要。

(江波团队研究成果,刘骞、李渡执笔,周敏凯修改并代表发言)

**文章架构**

一、中国特色新型城镇化"新"在哪里？

二、新型城镇化与区域"教育城镇化"的发展构想

**主要观点**

中国特色新型城镇化的战略目标应该定位在促进"空间城镇化"向"人口城镇化"转型，新型城镇化不仅要发展大中型城市，当前更需要关注发展小型城镇，实现人口集聚；并推动城乡一体化发展为战略举措，根据区域特点，按东部地区和中西部地区分区推进。此外，新型城镇化还必须从"人口城镇化"向"教育城镇化"的方向演进，区域内"教育城镇化"亟待解决的首要问题依然是公共教育资源配置。要从推进"城乡教育一体化"和"城镇教育一体化"两个方面入手重新配置教育资源，同步部署教育信息化进程，以建设区域网络教育社区等方式带动教育城镇化。

**关 键 词**

● 空间城镇化 ● 人口城镇化 ● 城乡一体化 ● 区域教育城镇化

● 公共教育资源配置 ● 教育信息化

# 新型城镇化与区域教育发展

## 叶 平

男,湖北省教育科学研究所研究员、湖北省教育体制改革领导小组办公室首席专家(基础教育)、中国教育发展战略学会理事。主要著作有《创新教育新论》(2001)、《学生素质教育管理、评价与监控》(2004)、《中小学校督导评估理论与实践研究》(2009)、《中国教育黄皮书》(2012)等20余部,参与撰著《中国农村经济振兴的必由之路》(1997)、《中国农村教育的战略选择》(1998)、《中国教育现代化的区域发展》(2003)、《教育规划理论与实践》(2006)等20余部;荣获"全国教育科学研究优秀成果奖""湖北省社会科学优秀成果奖""湖北省科技进步奖"等。

## 一、中国特色新型城镇化"新"在哪里？

### (一)促进"空间城镇化"向"人口城镇化"转型

城镇化是指人口向城镇集中的过程,这个过程表现为两种形式:一是城镇数目的增多,二是城镇内人口规模不断扩大(《大英百科全书》)。城镇化必然伴随着人口从农村向城市逐渐转移的结构性变动,以及农业产值比重逐渐下降、非农产值比重逐步上升的过程。

**1. 新型城镇化的源起**

新型城镇化不完全在于"城镇化滞后于工业化"(2012 年,我国工业化率为 45.3%,城镇化率为 51.27%,而非农产业比重已超过 89.9%),而主要是因为我国的"空间城镇化"并没有相应发生"人口城镇化":我国农民工总量已达 2.6 亿,约有 1.59 亿在城市工作半年以上的农民工及家属处于"半市民化"状态。农民工城镇住房拥有率仅 0.7%,农民工参保者不足 20%,20%的农民工子女无法入读全日制公办中小学校(国务院发展研究中心,2010)。这种态势,可以用两个"化"来进行论述:

(1) 空间城镇化:1978—2011 年,我国城镇人口从 1.72 亿人增加到 6.9 亿人,城镇化率从 17.92%提升到 51.27%。从统计上看,中国城镇化已经达到世界平均水平(2010 年为 50.85%)。这一数据,有人称"统计城镇化",有人称"土地城镇化",即伴随城镇数目增多,土地面积和城镇空间增大,导致城镇常住人口增加。确切地讲,应该称为"空间城镇化"。

(2) 人口城镇化:目前中国城镇化率是以常住人口为统计口径,鉴于我国户籍管理制度的特殊国情,若按照现有城镇户籍人口数,即依据政府能够提供的教育、医疗、社会保障等公共服务覆盖的人群统计,中国的城镇化率大概只有 35%～36%。例如,以第六次人口普查数据估算:

$$下限 = \frac{13.7 亿 \times 0.51 - 2.6 亿}{13.7 亿} = 32\%$$

$$上限 = \frac{13.7 亿 \times 0.51 - 1.59 亿}{13.7 亿} = 39\%$$

**2. 我国城镇化发展新的战略目标**

"新型城镇化是以人为核心的城镇化,现在大约有 2.6 亿农民工,使他们中有愿望的人逐步融入城市"(李克强),即"有序推进农业转移人口市民化,努力实现城镇基本公共服务常住人口全覆盖"("十八大"报告)。新型城镇化的战略目标就是促进"空间城镇化"向"人口城镇化"转型,"把推进人口城镇化特别是农民工在城镇落户作为城镇化的重要任务"(2013 中央一号文件)。

未来二三十年,中国除了现有 2.6 亿农民工之外,还有 3 亿左右的农民工进城,将是一个 5 亿到 6 亿人口规模进城的过程。这是一个非常巨大的、系统性、复杂性的工程(发改委,城市和中小城镇改革发展中心,易鹏)。人口城镇化聚焦的人群就在这 2.6 亿,以及未来新增约 3 亿规模的农民工群体。其政策的重点指向应该是"给予所有进城的农民自由的迁徙权和选择权,这是新型城镇化政策的根本和真正的出发点"。

## (二) 大中小城市和小城镇并举的新空间布局

### 1. 城市化不完全等同于新型城镇化

党的"十八大"报告指出:"科学规划城市群规模和布局,增强中小城市和小城镇产业发展、公共服务、吸纳就业、人口集聚功能。"李克强总理也说过:"我们推进城镇化,需要走大中小城市和小城镇并举的可持续发展之路。"(李克强,2012.05.3)无论是十八大报告,还是党和国家领导人,对"城市"和"城镇"都是分开表述的。我国现阶段提出"新型城镇化",与西方的"城市化"并不完全是一个概念。实际上,现在讲的都是"城镇化",而不是"城市化",这是一个非常重要的理念。也就是说,新型城镇化不仅要发展大中型城市,当前更需要关注发展小型城镇,以吸纳就业,实现人口集聚;既注重打造城市集群,也要凸显在大城市辐射下的城镇集群。

### 2. 武汉城市圈的发展需要"补课"

从区域发展的视角看,作为我国中部地区的代表之一,多年以来,武汉城市圈注重从战略层面来谋划城市化工作,形成"两圈一带"(武汉城市圈、鄂西生态文化旅游圈、长江经济带)、"一主两副"(武汉、襄阳、宜昌)、长江中游城市群(武汉城市圈、宜荆城市带、襄十随城市带)等一系列、多层次城市发展战略,以中心城市为依托,形成辐射作用大的城市群,培养新的经济增长极。多系列的城市化建设目标,甚至出现了史上最长的机构名称:"武汉城市圈资源节约型环境友好型社会建设综合配套改革领导小组办公室"。但是,小城镇或城镇集群建设反而成为武汉城市圈的"软肋"。在教育领域更是如此,连圈域内教育联动的资源配置都没有取得大的进展。从某种意义上讲,这些都需要在新型城镇化战略指引下重新"补课"。目前,湖北省王国生省长提出:"要吸收借鉴先进地区的成功经验,准确把握当代城镇化发展新趋势,着力推进城乡一体化,积极融入城市群发展中。"(2013.5.2 全省新型城镇化建设专题研讨班)2012 年颁布的《湖北省城镇化战略规划》特别提出,要"发挥县级城市综合优势,作为中部'不完全城镇化'的破题之举","择优培育特色小城镇,增强自下而上城镇化发展动力"等等,都是"补课"的重要措施。

### (三) 破解"城市二元化",推动城乡一体化发展

在新型城镇化发展的大背景下,与城乡二元结构相比,城市内部的二元结构矛盾日益突显。在逐步消除城乡二元结构的同时,新型城镇化当前需要着力"破解城市二元结构难题,使进城务工者在产业支撑、人居环境、社会保障、生活方式等方面实现由'乡'到'城'的转变"。(李克强,2012.09.26)

城市内部的二元结构矛盾突显的一个标志是流动人口渐趋不流动。据2011年全国流动人口动态监测数据计算,在全部流动人口中,在流入地居住5年以上者所占比例达37.45%(0.97亿),其中10年以上者占15.41%(0.4亿);30岁以下的新生代流动人口,近3年未更换工作的占61.7%。大部分流动人口尤其是年轻一代流动人口不打算返回农村。此外,社科院调查显示,我国"漂"在城镇的农民工,70%以上希望在家乡周边就业。中西部地区本地农民工人数的增速连续两年超过外出务工人数。2012年,本地农民工数量首次超过外出农民工数量。无论是不打算返回农村的农民工,还是希望在家乡城镇居住的农民工的比例增加,都直接激化了因户籍制度、福利保障、教育机会等诸方面的不平等造成的城市内部二元结构矛盾。

鉴于我国2.6亿农民工主要是由中西部农村流动到东部沿海城市,破解城市二元结构难题战略举措需要根据区域特点,按东部地区和中西部地区分区推进。

对于东部地区,重点是让来自中西部和本区域有意愿的农村流动人口,实现农民工由"乡"到"城"的身份转变。对于中西部地区,重点是抓住沿海产业和劳动力双转移的契机实现经济转型,在承接产业转移的同时,提供政策优惠、服务支撑和建立社会保障,以吸引"农海归"创业和在本地城镇就业。湖北省原副省长、全国人大财政经济委员会副主任辜胜阻认为,湖北作为传统的劳动力输出大省,"农海归"是湖北城镇化的关键。2012年,仅黄冈就有2 000多农民工从沿海回本地创业,吸纳了8万人在城镇就业。城镇化需要"两条腿"走路,既要发展大城市群,又要通过发展中小城市和做大县城,鼓励更多的人就地城镇化。以此为基础,推动城乡发展一体化,实现基本公共服务常住人口全覆盖;把生态文明理念和原则融入城镇化全过程,走集约、智能、绿色、低碳的新型城镇化道路。

## 二、新型城镇化与区域"教育城镇化"的发展构想

这里以资源配置的视角,提出区域教育发展如何适应新型城镇化的若干对策。

### (一) 从"人口城镇化"向"教育城镇化"方向演进

聚焦2.6亿农民工群体及未来3亿进城农民的子女,新型城镇化的教育发展必然要指向如何

促进"人口城镇化",聚焦于当前已经转移的农民工子女的教育,以及将来要转移的农民子女教育上,并相应提出区域"教育城镇化"资源配置的发展战略。

## 1. 构建区域"教育城镇化"评价指标体系,并纳入区域城镇化评价系统

区域城镇化评价公式是:

$$\begin{cases} A & 空间城镇化:城镇统计人口占总人口的比例(逐步增加); \\ B & 人口城镇化:城镇户籍人口占总人口的比例(逐步增加); \\ C & 教育城镇化:享受基本公共服务的城镇教育人口占城镇统计适龄人口\\ & 的比例(逐步增加),适龄留守儿童占农村适龄儿童比例(逐步减少)。\end{cases}$$

其中,可以增设一个重要的映射指标 $C_1$:享受基本公共教育服务的进城务工子女占进城务工子女总数的比例(逐步增加)。

从目前的状况初步判断:我国各区域的"城镇统计人口>城镇户籍人口>城镇教育人口",即人口城镇化滞后于空间城镇化,教育城镇化又滞后于人口城镇化。

## 2. 构建区域"教育城镇化"进程的监测指标体系

基本监测公式是:

$$\begin{cases} 人口城镇化\ R = f(留守,进城) = C_i(留守+进城)(各地\ C_i\ 不相同) \\ 教育城镇化\ E = 进城务工子女享受基本公共教育服务覆盖度 \end{cases}$$

人口城镇化($R$)的监测公式表明,随着户籍管理制度改革和经济发展,农村留守儿童的减少,进城务工子女的增加,将是一个间接反映人口城镇化进程的重要标志。而教育城镇化($E$)的监测公式表明,所有进城务工子女享受基本公共教育服务的覆盖度,直接标志着教育城镇化的进程。将两个公式结合起来,能够有效监测各区域教育适应和促进新型城镇化建设发展的态势。

以分区推进的角度,监测的重点应该有所区别。对于我国东部地区,重点关注和监测的应该是农村流动儿童,努力实现对外来流动人口子女的基本公共教育服务全覆盖。对于中西部地区,重点关注和监测的应该是各地农村留守儿童,将监测重点放在努力实现留守儿童数量减少(这是以往不够重视的指标),以及所实施的关爱举措和效果等。

实施监测需要建立有效获取数据的途径。就目前已有的数据看,2013 年 5 月 9 日,全国妇联根据第六次人口普查数据的研究报告显示,全国 0—17 岁农村留守儿童为 6 102 万,占农村儿童总数 37.7%,城乡流动儿童 3 581 万;两者之和共有 9 683 万。而 2013 年 2 月 26 日,教育部第三次新闻发布会称,小学在校生农村留守儿童约 1 440 万人,初中在校生农村留守儿童约 760 万人,全国农村义务教育阶段适龄留守儿童约 2 200 万人。这些数据,不仅口径不一,而且多为宏观框算,缺乏分区域的统计手段和方法,需要引起有关部门的重视,采取措施予以解决。

## (二) 区域内"教育城镇化",亟待解决公共教育资源配置问题

近年来,我国各区域教育在推进"教育城镇化"方面做了大量的工作,主要思路依然是以公共教育资源配置方式均衡城乡教育之间的差异,以适应县域城镇化发展的需要。地处鄂南山区的崇阳县,在推进"城乡教育一体化"进程中,为新型城镇化发展超前谋划,通过数年来的布局调整,以地方政府主导、市场运作、部门联动来配置资源,盘活教育存量,以"部分农村初中适当集中并办在县城"的新思路,打造教育新城,从而较好地解决了农民子女进城就读的矛盾。地处鄂东山区的黄梅县,则着力解决"城镇教育一体化"的资源配置问题,以均衡县域城区学校教育资源的方式,实现城区内部"没有大班额,没有重点班,没有节假日补课,没有择校";同时为解决城区学位不足而加大新校建设力度,为鼓励更多的农民就地城镇化创造了良好的教育环境。事实表明,从推进"城乡教育一体化"和"城镇教育一体化"两方面入手重新配置教育资源,才能较好地实现基本公共教育服务常住人口全覆盖。

然而,根据区域"教育城镇化"的实际情况看,现实的难题依然在教育资源的配置上,突出表现为留守儿童和进城务工子女教育问题。对湖北若干县市的调查发现,目前的态势是:农村留守儿童和进城务工子女教育问题,使得区域教育部门和学校处于不堪重负的窘态中。农村留守儿童数量大,地方政府则把责任基本上交给了农村学校,培养、教育和管理的力度明显不够,亟待政府和全社会共同参与和努力。城市优质教育资源尚未对进城务工农民子女全面开放,不少中心城区教育资源普遍紧张,优质学校超负荷运转,普遍存在班额过大的现象。因此,各地许多中心城区优质学校都没有被指定为进城务工人员子女就读学校。而进城务工人员子女比较集中的学校,办学条件较差,设施设备不全、师资力量不够的现象十分普遍。此外,尽管父母继续留在城市打工,但限于学籍管理制度,进城务工农民子女到了初中或高中入学年龄,大都必须返回农村就读,引起进城务工农民的不满,这些都严重阻碍了"教育城镇化"的推进。

解决上述问题的主要对策是:

(1) 解决农民工子女随父母上学问题,以减少农村留守儿童的绝对数量。

以实施"教育券"、网络学籍管理统筹等方式,解决公用经费转移支付和迁移,克服目前普遍存在的城区学校大班额、农村学校"吃空额"等问题。

(2) 解决进城务工人员随迁子女的当地求学、升学问题,以及入园难、入学晚、异地高考、异地中考等问题。

① 配合义务教育均衡发展的推进,尽快解决城镇优质学校学额严重不足、超级学校、超级大班等问题,增加城镇学校容量。

② 根据城市综合承载能力和转移人口情况,配合户籍制度改革,制定和完善有关法律法规,统筹解决进城务工子女"两为主"的经费投入保障。

(3) 用城乡信息化建设工程,促进农村留守儿童的教育和关爱工作,为未来可能转移的农民

子女率先普及网络教育和现代教育。

## (三) 创新区域"教育城镇化"资源配置方式,同步部署教育信息化,建设区域网络教育社区

党的"十八大"报告提出了"四化同步"的战略措施,即"坚持走中国特色新型工业化、信息化、城镇化、农业现代化道路,促进工业化、信息化、城镇化、农业现代化同步发展"。按照"四化同步"的要求,区域"教育城镇化"的一个重要举措是建设"城乡一体"的区域教育网络社区。

随着农村学校"班班通"和"人人通"建设的推进,无论是县域城区,还是广大农村,都已初步具备了构建"城乡一体"的区域教育网络社区的条件。城乡一体的网络教育社区,即以区域学籍管理系统的师生资料为底层数据,以学校、班级为基本单元,所有教师、学生和家长都能进入的"人人通"平台,以传统互联网和移动互联网构建互通互联的实名制社区。

区域教育网络社区,除了可以实现远程学习的功能外,也是一种以网络形式进行资源配置的方式。通过网络教育社区,政府和教育部门可以:

(1) 实现对"教育城镇化"进展的数据采集、评价、学生学籍档案和经费迁移的监测、调控等功能;

(2) 实现本地和异地城乡之间与城市内部优质教育资源共享功能;

(3) 实现农民工家长远程监护留守子女功能,部分解决亲情关爱缺失问题;

(4) 通过针对农村留守儿童的"虚拟城镇化"教育方式,提前部署城乡学校之间就读的无缝"迁移"。

文章架构

一、城乡空间规划和基础教育的布局调整，是推进新型城镇化的基础性工作

二、教育空间合理布局的内涵和模式选

三、推进教育资源合理布局要处理好几个关系

主要观点

　　城镇化，是经济社会转型和变革的过程，它不仅是一个空间变化，还是经济结构的变革，是社会的转型过程。研究空间规划和布局调整的内涵不只是一个物理空间的变化，而且是一个历史过程，要考虑经济、技术、文化等多方面的因素。教育空间合理布局的内涵和模式选择应从城市结构、动力机制、政府体制三个维度来考虑。推进教育资源合理布局要处理好城市、集镇和农村，硬件、软件和人，以及公平、优质和多样三种关系。

关 键 词

● 城乡空间规划 ● 教育布局 ● 基础教育空间布局 ● 教育资源布局

# 城镇化空间规划和基础教育布局调整

———— 谈松华 ————

国家教育咨询委员会委员,中国教育学会常务副会长,学术委员会主任,国家教育发展研究中心研究员,博士生导师,北京大学、北京师范大学、华东师范大学等高校兼职教授。曾任中共上海市委研究室处长、副研究员以及国家教育发展研究中心副主任、正司级调研员、《管理学刊》顾问。著有《中国教育发展的宏观背景、现状及展望》《市场经济与教育改革》《中国教育地图集》《全国义务教育学生质量调查与研究》《中国教育现代化的区域发展》《大学政治思想简史》等,并在《教育研究》,*Social Sciences in China*、《教育发展研究》《高等教育研究》《中国高教研究》《高教探索》《中国远程教育》等刊物上发表论文百余篇。

这是一次专业性比较强的会议，主题是"新型城镇化空间规划和基础教育布局调整"。我在这个领域没有研究积累，依据会议专家报告和讨论中涉及的问题，结合课题组三次调研所了解的实际情况，谈三点体会。

## 一、城乡空间规划和基础教育的布局调整，是推进新型城镇化的基础性工作

城镇化过程就是城乡结构变化的过程，这个结构的变化直接反映了空间形态的变化。也就是说，原来是广大的农村，变化的结果是人口的积聚出现了城市。空间布局的调整是城市化规划中的基础性工作，能不能做好这样的规划和调整，对将来的城市发展、农村发展，都是一个基础。这里涉及许多专业问题，因为时间原因，就说这样一个观点，城镇化是经济社会转型和变革的过程，不仅是一个空间变化，是经济结构的变革，是社会的转型过程。所以研究空间的规划和布局调整，它的内涵不只是一个物理空间的变化，这是很重要的观点。

另外，城镇化是一个历史过程，不是在短期内通过规划就能实现的。西方发达国家经过了几百年时间发展到现在的后工业社会，它的城市形态、农村结构基本定型了。而中国处在城镇化的发展中期，或者说处在加速发展的阶段，城镇化率是53%多一点，处在加速发展的时期。所以我们今天研究这样的问题，应该作为历史过程来考虑，需要思考两方面的问题：一个问题是回顾和总结改革开放30年来中国城镇化所走过的路程，它的成功经验和教训，因为中国城市化的道路和西方发达国家并不完全一样。可以看到一个明显的特点，大城市的发展集中在沿海地区，除了原来的历史、经济等基础之外，还有一个重要原因，因为这一阶段的经济起飞是靠出口导向、引进外资的经济发展路径，而要引进外资，最便捷的地方是沿海地区，所以大量的产业向沿海集中，而人口是跟着产业集聚的。所以我们的城镇化，一个新的情况就是东部沿海集中了大量人口，而西部的城镇化率相对就比较低。所以就要总结中国这样的历史发展过程，我们面临着新的挑战、新的问题。

第二个问题是我们要研究今后20年，当然不只是20年，因为国家规划是2030年，只有十几年的时间。城镇化和一个时期的政治、经济、文化等种种因素相联系，城市的布局也是以不同形态出现的。中世纪的城市，当时没有汽车，它的马路是很窄的。当汽车出现以后，城市形态就发生了很大变化，城市和城市、农村之间的关系也发生很大变化。为什么西方出现逆城市化的情况？为什么中产阶级和富人向城郊转移呢？就因为交通便捷了、生活便捷了。所以城市形态是变化的。我想城乡关系也会随着今后的技术、经济和其他方面的不断变化，发生变化。所以今天来思考城市的规划和将来教育的布局，恐怕不能完全停留在目前这样的现状基础上，而要预测到今后经济社会将会扩大发生的变化。当然有些是不可预测的，比如有些地方提出来绿色城市、田园城市、智慧城市。如果将来互联网、物联网连接起来以后，人们的生活方式会发生很大变化，也会对教育的空间布局产生影响。这是要考虑的一个方面，也就是规划城乡发展和城乡结构布局要考虑经济、技术、文化等多方面的因素。

## 二、教育空间合理布局的内涵和模式选择

什么样的教育布局是合理的？基础教育的空间布局，与人口因素的关系更密切，而职业教育、高等教育跟产业因素更密切。当然，人口集聚跟产业集聚也是有关系的。所以，所谓空间合理布局，我想应该和人口的集聚相匹配。教育结构的调整、布局调整，不能脱离人口集聚的客观环境。我国工业化过程中，曾经出现过城镇化滞后于工业化，而在有的地方，基础教育布局的集中，却超越了人口集聚的速度。过快撤销村小学和农村教学点，集中到城镇办学，就和人口的集聚不匹配，造成的问题就是学生上学不方便，所以教育布局要和人口集聚的过程相匹配。现在看是出现了城镇教育拥挤而农村教育资源的部分闲置，这也是现在乃至今后调整的大体趋势。长远的趋势还是农村向城市集聚的过程，但要经历一个发展过程。在模式选择上，很难说有很成熟的成功模式供大家借鉴，因为各地的自然环境、人口和产业结构不一样，要做更多探索。从现有的实际而言，可以从三个维度来考虑模式选择：

**1. 城市结构的维度**

国家有一个新的城市层级划分。新城市层级划分是考虑空间布局中模式选择的参照系，超大城市、特大城市、中等城市、中小城市、建制镇，在布局上有不同选择，可以选择不同的模式。比如上海，明显看到市中心的人口是向城乡接合部迁出的，说明城乡接合部成为人口导入区，而城市中心区成为人口的流出区；而优质教育资源集中在城市中心。这就造成人口集聚的地方缺乏优质教育资源，而人口减少的地方又有非常集中的优质教育资源。这就有一个怎样使得老城区、新城区的教育资源满足不同社区人群的教育需求。前一阶段，不少地区推动集团化办学，也可以说是对于基础教育的优质教育资源合理配置和共享的探索。

**2. 动力机制的维度**

教育对城镇化的作用，是适应人口集聚调整教育布局，这是主要的。人口集聚了，我们就要办学校，调整布局。但还有一种情况，教育会引导或者影响人口的集聚，比如县城办优质学校，结果吸引很多农村居民到那里上学。山东省平原县的"初中进城"的做法，有争议，但是有一个结果就是它成为县城人口增加的重要因素，那就是教育在一定程度上促进了城镇化。又如，徐州市贾旺区是一个废弃的矿区，人气不旺，前年江苏师范大学与区政府合作举办江苏师大附属实验中学，人口集聚效应明显显示出来，也带动了当地服务业和房地产业的发展。一个好的学校会影响到人口结构，中小学是这样，实际高等教育的作用更明显。美国很多名牌学校是在一个镇上，这个镇就是一所大学，很多产业是围绕这个大学发展的，也是为大学服务的。所以涉及高等教育的布局，如何

能够通过高等教育的合理布局推进城镇结构的合理化，而不要都集中在大城市。

**3. 政府体制的维度**

以成都和苏州为例，这两个城市都是全国城乡教育一体化的实验区，义务教育均衡发展已经通过国家验收，说明做得很好。但是可以看到，这两个地区实现城乡结构调整的体制并不一样，因而模式也有差异。成都市是市级统筹，原因是什么呢？因为成都有一些县市是贫困县，财力很差，如果完全靠市县来做，要解决城乡均衡发展，是很长的过程，很困难。所以它通过市级财政统筹，推动城乡的均衡发展。而苏州不一样，苏州所有的县级市都是全国百强县里面的前十名，非常发达。所以一个县有财力，足以支撑它在当地教育资源的优化布局。所以体制因素也会影响到不同的模式。

## 三、推进教育资源合理布局要处理好四个关系

影响资源配置有很多因素，推进教育资源的合理布局主要是要处理好以下四个关系：

**1. 城市、集镇和农村的关系**

在考虑城市教育布局的时候，要考虑到集镇和农村。当我们考虑到农村教育发展的时候，如果不考虑农村教育的提升，只把眼光放在城市里面，它的结果就是加大城乡二元结构的分化。真正解决城乡结构的差异化，基点还是农村学校建设。如果农村学校布局合理了，农村学校实现了真正的现代化转型，城市学校的发展和调整就有了基础。一般讲是以城带乡，如果农村学校办好了，对城市学校会有一个倒逼机制，使得城市学校达到更高的水平。所以要处理好这三者之间的关系，需要深入研究。

**2. 硬件、软件和人的关系**

城乡结构布局里面，现在谈的多的是空间布局，空间布局谈得更多的是硬件，但即使是硬件建设里面，也必须要考虑人的因素。教育设施的布局，应该以人为中心来考虑。我上次在北师大参加一个会议，一位企业家办了一所学校，他说学校道路该怎么建，要考虑小孩的特点。也就是说，要考虑到学校是为学生服务的，所有软硬件配置都要考虑到为学生服务。

**3. 公平、优质和多样的关系**

在推进城乡发展的时候，公平是我们追求的一个非常重要的目标，所以很强调均衡发展。但

是客观存在的情况,优质教育资源是稀缺的,我们采取了很多措施,比如教师流动、轮岗等办法,学校的差异,或者说学校的差距,仍然是客观存在的。这里就有一个问题,如果我们用划一的思想考虑公平,说公平把所有学校都办成一个样,如果是这样来考虑问题,什么时候都做不到。因此,公平和优质的统一是在于它的多样性,我们要为人们提供多样的教育选择。因此,在布局上就要考虑给学生有更好的选择机会。

### 4. 政府、市场和社会的关系

推进城镇化过程中,中国政府的作用确实非常明显,而且在今后推进城镇化过程中,中国政府仍然是重要的主导作用。但是,政府的作用是不是应该更多放在规划、服务、监管这些方面,而不是直接考虑"我的产业我来做",这是不可能的,应该由市场做。因为城市的集聚是产业集聚的过程,产业集聚要靠市场,没有产业,这是个空城。所以很多地方政府搞了一些城变成了"鬼城",就是因为它没有产业,没有产业就不会有人来。所以城市的建设要靠产业集聚,产业集聚是要靠市场,政府应该是为产业的发展创造政策和制度环境。在教育发展上,除了政府、市场作用以外,应该充分发挥社会力量的作用。中国社会力量中,第三方作用明显不够,这跟中国的强政府是有关系的,将来政府需要转变职能。现代治理体系中,应该把第三方作为很重要的力量。所以,推进城镇化要发挥社会力量的作用。

(本文是作者在课题组于 2014 年 11 月 22—23 日在青岛举办的第三次研讨会上的讲话,已经作者审定)

文章架构

一、新世纪前十年,国家教育信息化中的农村教育信息化整体发展

二、《教育信息化十年规划》颁布后,国家教育信息化新的战略部署以及对农村教育的影响

三、农村教育信息化在新的战略部署和工作思路下的数字差距

主要观点

"构建利用信息化手段扩大优质教育资源覆盖面的有效机制,逐步缩小区域、城乡、校际之间的差距"已经列入国家重要战略。我国政府始终把农村教育信息化放在重中之重,采取了一系列干预措施。在教育信息化起步过程中,农村学校与城市学校的信息化差距在5~10年。国家实施的农村中小学现代远程教育工程曾经一度改善了农村学校获取信息的条件,但在2008—2011年没有接续下来,农村中小学信息化再度面临继续拉大差距的困境。在以应用驱动、融合创新为特色的新时期教育信息化战略部署下,各地以缩小城乡教育差距为目标的农村学校信息技术应用,展现了正向效果,涌现了一批案例,初步形成了一些教学模式。但缩小城乡数字差距的任务仍然艰巨,既面临机遇又面临挑战,唯有政府、学校和社会共同持续地努力,才能实现。

关键词

● 教育信息化 ● 农村教育 ● 缩小城乡差距

# 教育信息化与农村教育

## 王珠珠

女,中央电化教育馆馆长、研究员。1995年起从事教育技术、远程教育的研究和管理工作。参与了教育部《教育信息化十年规划(2011—2020年)》的制定工作,先后主持多项教育技术应用和互联网对教育的影响等方面的多项国家课题,目前正在主持国家重大科技支撑《教育云的规模化应用》项目。已出版《远程教育项目管理与实践》等三本学术专著,发表《现代远程教育发展的现实基础分析》等论文30多篇。

党的十八届三中全会的决议中提出，要"构建利用信息化手段扩大优质教育资源覆盖面的有效机制，逐步缩小区域、城乡、校际之间的差距"，深刻阐述了教育信息化对解决农村教育问题具有重要作用。党和国家在各个时期的高度重视，使信息化成为解决我国农村教育问题的战略举措。下面从三个方面与大家分享农村教育与教育信息化问题。

## 一、新世纪前十年，国家教育信息化中的农村教育信息化整体发展

大体说来，我国教育信息化经过了实验试点、普及应用和全面发展三个阶段。联合国教科文组织2005年的分析框架提出，第一是起步阶段，第二是应用阶段，第三是融合阶段，第四是创新阶段。2012年教育部发布《教育信息化十年规划（2011—2020年）》，其对教育信息化发展阶段的基本判断是：我国已经走出了起步阶段，全面进入应用阶段，将由应用阶段向融合创新阶段发展。这里把融合和创新作为一个阶段，所以可以说是三个阶段：起步、应用和融合创新。

在这几个发展过程中，可以看到农村的教育信息化和城市相比有一个明显的时间差。从起步阶段看，时间差是从20世纪90年代初期开始。1994年，国家就有了教育科研网，也在那时候中小学的第一个计算机教室和校园网诞生并在北京的景山学校投入使用。农村中小学开始大规模配备计算机设备是在2003年。从城市学校拥有第一台计算机到农村学校拥有第一台计算机，相差10年左右的时间。

由于国家的积极推动，这些年农村的教育信息化装备发生了翻天覆地的变化。第一个干预措施，就是大规模实施了农村远程教育工程。2001年，教育部召开全国中小学教育信息化工作会议，时任教育部部长陈至立在会上做了讲话，提出校校通、普及信息技术课、信息技术在学科教学中整合的要求。随着这些目标任务的落实，城市行动得特别快，东部发达地区和部分城市行动特别快，明显地看到农村和城市的数字差距在扩大。当时教育部非常明确，要增加教育信息化投入，投入重点是要解决农村教育问题。整个投入的盘子100亿元，确定了三种模式，解决36万所农村中小学提高教育质量的问题。教学点用电视机和光盘，完全小学用一台计算机和卫星接收信息资源，在初中建设多媒体和计算机教室，并通过卫星和互联网连接获取教学资源。在当时的整个投入中，不仅配备了硬件，而且提供了教育资源内容的输出渠道，包括光盘、卫星频道播发，同时也通过招标的方式，为农村初中选择了很多教育资源的软件，包括资源库等。到2006、2007、2008年，可以看到农村远程教育工程极大地改善了农村学校的状况。教育信息化的难点由农村学校变成县镇学校。我记得有西部省教育厅的一位领导讲，你们的教育资源（指中央电教馆通过卫星播发的教育资源）能不能在更大范围内开放，让县镇学校也能得到资源（因为当时的采购资源的经费有限，只采购了卫星向中西部农村学校播发的使用权）。县镇的学校是当地最好的学校，但是由于不能得到优质的资源，虽然可能有设备，但是信息化在提高教育质量方面还发挥不了多大作用。所以，那个时候是城市、农村学校信息化水平在提升，教育信息化的低谷在县镇。由于信息化设备的更新换代非常快，到2010年左右，这些早期配备水平不高的设备逐渐进入淘汰期，当时建设的能

力最后没有把这样的教育信息水平巩固下来,所以整体还是呈现城乡差异非常大的状况。

2010年,在制定《国家中长期教育改革和发展规划纲要》(以下简称《教育规划纲要》)时,信息化组专家们有一个分析,根据这个分析,形成了教育信息化五要素的雷达图,即基础设施、教育资源、关键应用、教师应用能力和教育管理。对这五个要素分析可以看出这样几个结论:无论是全国平均水平还是先进水平,教育信息化关键应用在五个要素中都是短板。在基础设施方面,全国的平均水平与先进地区之间的差异非常明显。在那个时候,我们看到有很多班级人人都有终端(计算机、笔记本),但是很多学校可能就只有那一台计算机,或许那一台也已经不能用了。老师的应用能力也有非常明显的差异,这也是制约发展的一个重要因素。教育管理和政策机制也有一定差距。但是差距比较小的是数字内容,先进地区与落后地区之间差异不明显。因为那个阶段,国家通过农村中小学现代远程教育工程(农远工程)做了大量的投入,系统性建设一批数字教育资源。而那个阶段的市场化资源开发的主要是内容性资源,智能化的资源还没有完全进入教育教学。所以就一般的课件应用而言,无论是从拥有量、质量水平还是它在教育教学当中发挥的作用看,都没有明显差距。

《教育规划纲要》把教育信息化作为一个重要的保障措施,也作为教育发展的十大重点工程之一,就终端应用提了两个指标:一个是生机比,一个就是多媒体教室。而在信息化方面,首先落实的工程就是为农村学校配备多媒体教室。中央财政在《教育规划纲要》颁布的第二年,就通过薄弱学校改造计划落实了。学校发生了翻天覆地的变化,多媒体教室开始配备交互式白板,比较流行的是为农村学校配备一体机。农村学校老师这一阶段用的教育资源多是在百度上下载。我们知道百度上下载很多东西,有的上千条,有的上万条,针对性比较差。所以在这一阶段,虽然设备配备了,但是在整体的应用上,还是老师们做示范课、评优秀教师或者评职称时,用得比较多,平常用得还是比较少。我们也做过调研,老师每一次备课,一般老师用粉笔、黑板上课的时候,不太花时间备课,最多几个小时。而做一个好的多媒体课件,需要一个星期备课,还得其他教师特别是电教教师帮助。可以说,配备了较好的设备,但是并没有很好的利用。交互式多媒体设备虽然把老师重新带回了教师们习惯的黑板前,但是交互式的功能并没有很好地利用。我去过农村学校做调查,问老师们这些设备给你们带来什么好处?他们说第一个好处吃了几十年粉笔灰现在不用吃了,交互展示屏与计算机不一样,使用起来很方便,可以在这上面写字,就像在黑板上板书。但是这里面的智能化,包括在这个过程中怎么关注学生,推行以学生为中心的教学,还有很多问题。但总体来说,这一阶段信息化配备的情况发生了很大变化,但教育信息技术对教育教学的变革还没有体现。

## 二、《教育信息化十年规划》颁布后,国家教育信息化新的战略部署以及对农村教育的影响

随着教育从强调扩大规模、提高质量,向强调促进公平、提高质量为重点的新阶段迈进,2012年教育部发布了《教育信息化十年规划(2011—2020年)》,提出新的战略目标和任务,作出了一系

列新的战略部署。概括起来是，一个核心理念、两个工作方针，核心理念是要坚持信息技术与教育教学的深度融合，工作思路上坚持应用驱动和机制创新，把"宽带网络校校通、优质资源班班通和网络学习空间人人通"作为信息化的标志性工程，通过建设国家教育资源公共服务平台和教育资源管理平台支持"三通"工程。

新时期教育信息化战略部署非常重要的特点是：应用、融合、创新。一是不再以投入、硬件配备带动信息化发展。尽管投入是非常重要的，没有投入不行；尽管设备非常重要，没有设备就不能实施信息化，但是新时期教育信息化战略强调一定要以应用为导向。这个整体思路已经开始实施并初见成效。教育部在开始讲这个观点时，很多人都想不通，说没钱能干什么事儿？信息化就是要投入。但是通过这几年的努力，越来越多的人认识到了，一定要瞄准应用的重点，去规划信息化的整体应用和发展，这样的投入才能更有效、更持续。二是深度融合。深度融合与整合有本质区别，前几年讲信息技术与教育教学整合，是把技术用于教育教学之中。融合是针对教育教学的问题，提出技术解决方案。杜占元副部长曾经说过，如果把技术简单地应用于教育教学，那只能叫信息化，不叫教育信息化。一定要针对教育教学中的问题，提出解决方案，再利用这个解决方案去推动应用。第三个特点就是机制创新。《教育信息化十年规划（2011—2020年）》不仅写了发展任务，还写了行动计划。其中很重要的指导思想就是，明确发展任务，通过动员整个教育界和全社会共同完成。而行动计划则是教育部通过争取中央政府的投入来带动整体发展的任务，就是要充分调动各方面的积极性，发挥各方面的优势，推动教育信息化加速发展。在发展任务中，特别写了一章机制创新，把动员各方面力量为教育信息化服务作为基本任务，在落实各项任务中明确政府、社会和学校的作用，以教育需求、市场驱动，推进教育信息化持续发展。

强调应用，主要强调课堂用、经常用、普遍用，用在课堂、用在日常的教育教学之中，而且是各级各类教育，所有的学校、所有师生都要用。怎样实现这种应用？要让教育信息化从边缘走向教育工作的中心，必须要让信息化进入教育教学的主战场，必须强调教育资源的常规化和规模化应用。利用实名制学习空间"人人通"带动规模化和常态化应用，就是新时期推动经常性应用的新方法。宽带网络校校通是基础设施建设，是班班通和人人通的基础。不是有了多媒体设备就是信息化了，而是让这些多媒体设备在教育教学上发挥作用。《教育信息化十年规划》中强调了教育信息化基本应用能力，包括基础设施、内容资源、工具软件和教师的能力。为什么说实名制学习空间人人通能够带动规模化和常态化应用呢？以前老师们都是上网用百度找一些资源，信息特别杂、不好用，所以老师们也就很少用。而人人在网络上建立一个实名制的学习空间，现实学校中的各种关系（老师和学生的关系、学生和学生之间的关系、学校和上级之间的关系、和家长的关系），都迁移到网络上来了。通过导入这些关系，教师在他的空间中可以直接与所有关系者建立方便的联系。物理世界的关系得以迁移到网络上去，建立起强关系链。这样的空间应用带动的是一片——一个学校或者一个地区。老师和学生有了自己的网络入口，就会增加网络的黏性，就会经常用网络。老师备课、上课、找资源，自己存储资料，所有的事儿，都进这个入口处理，这就形成网络上带动教师常态化应用的工作平台。老师空间存储的资源，他备课、上课都从这里调用的时候，教师就会很好地把优质教育资源引入到课堂之中。在网络条件下,无论在哪儿备课,当他进入课堂时都可以在网络找到他的内容资源,也可以方便他的教育教学。因此,通过网络空间人人通可以带动优质教育资源班班通,带动信息技术在教育教学中常态化和规模化的应用。

国家教育资源公共服务平台由中央电教馆受教育部委托承建、运行、维护,提供三方面的服务:一是空间的服务;二是资源的服务,通过大数据,根据你的网络习惯,给你推送信息,减少教师查找资源的工作量,当然现在还没有做到。同时,还要推动资源超市的发展,探索利用生均教育经费采购教育资源,推进基本的教育资源应用和个性化教育资源应用。教育部和财政部已经发文,明确信息技术和培训应该纳入生均公用经费支出。下一步还要让老师、让学校来选择资源,而不是大规模地由教育局选,这样针对性更强,更利于推动应用。希望在教育资源标准化、规范化的前提下,推动多样化的作用。内容资源有一个重要的特点,就是随着用户的扩大边际成本降低,但是现在这个优势还远没有发挥。网络的应用不仅提供上传下载的功能,更重要的是交流参与,这是国家教育资源公共服务平台的三个基本功能,即交流服务,也是非常重要的功能。比如今年教育部推动了"一师一课"的活动,就是要发动每一位有条件的教师,都在网上晒一节自己的代表课。晒自己的课,学习与分享别人的课,从中得到提升。还有一个是专题社区,互联网很重要的功能是交流,如国家教育资源公共平台上电子白板应用的网络社区讨论非常热烈,有上万人参加。这些活动不仅是国家平台,还和地方平台共同来支持。

整个发展的过程中,农村学校仍然是教育信息化的重点和难点。许多农村学校的宽带网络还没接通,一些接通了但水平不高,在4M带宽以下,基本不能支撑经常性和规模化应用。无论是教学点、村小学,不管多么小的规模,这种带宽只能发个邮件,浏览个网页,教育教学内容的上传下载都比较困难,在班班通和人人通方面还有不少困难。正视农村学校信息化发展中困难,努力通过各种干预措施减少数字差距,仍然是目前和今后一个时期的战略重点。

党中央、国务院非常重视,教育部正在积极推动,2012—2013年落实了教学点数字教育资源全覆盖的项目。在刘延东副总理的直接关心下,政府加大了投入,短时间内得到立项和启动。这是针对我国基础教育最薄弱环节的一个重要的干预措施,已经取得了初步的成效。许多教学点在享用国家免费提供的每门课程、每节课的优质资源中,逐步在提升开齐、开好国家规定课程的质量。此外,国家的薄弱学校改造,把信息化装备作为基础要求。它们都将大大促进农村学校信息化水平提高。

## 三、农村教育信息化在新的战略部署和工作思路下的数字差距

在教育信息化的发展过程中,国家干预的指向一直都是要缩小数字鸿沟。那么,究竟这一鸿沟是缩小了还是拉大了呢?对此业界有不同的看法。总体上既有拉大的挑战,也有缩小的可能,目前还没有实证数据,但机遇和挑战两个方面都是非常明显的。

首先是从政府的认识和投入上,没有完全进入应用驱动、机制创新之中,影响最大。有的领导

很重视,也有的还没把信息化当回事。重视的,也有这样那样的问题。比如我也听到基层领导说,要建一个平台,和企业一起建,让它服务全国,可以运营。我每次听到这样的话,都非常担心。如果我们的教育行政部门领导,都把自己推进信息化的重点放在运营上,或者说自己的资源优势、老师的优势资源卖到全国去,这样的观点值得讨论。教育工作者要把眼睛放在学生身上,看看学生真正从信息化中得益了没有。如果得益了,同时也把优质资源变成"生产力"那当然好!反之就错了。有的地方不把信息化当成事儿,还是考试第一,所以信息化在边缘区上,得不到投入。不同的认识、不同的投入或者说不同投入的追求,都会对缩小还是拉大数字鸿沟产生直接的影响。

第二是学校的积极性。学校是不是想用,用了以后是不是起到很好的效果,也是非常核心的影响因素。

第三就是社会的支持。比如山东昌乐一中做翻转课堂,《教育报》做了长篇报道。一开始就是学校买了两个班级的平板电脑做翻转课堂的学生终端。通过开公开课让家长来看,分两批让学校的所有班级都实现了学生用平板电脑。校长在这个过程中克服了许多困难。家长不理解怎么办?校长说用效果来说话。一个家长给班主任打电话,说"你们不好好教书,折腾什么呢?还翻转课堂!"班主任说你找校长交流一下吧。家长就给校长打电话。校长说你先去上上网,看看国内外都怎么讲翻转课堂的,两个星期后再讨论。家长有点文化,上网查了,两个星期给校长打电话说:"不用跟您讨论了。我在网上看了,还挺好的,国际上都挺先进的,您做吧,我们支持。"这就是社会支持,怎样让社会支持是非常重要,这里有学问。校长说因为他们学校推荐的平板电脑选的是1 000元左右的低端产品,家长也可以买更高端的,或者自己家里有的,可以带来,不强求,不要求统一,学校信息化撇开了推销设备的嫌疑。每个班里有那么一两个因家庭困难真的买不起的同学,学校就用公用经费买了平板电脑借给他们用,实现了每个学生平等使用。

学校信息化环境,究竟什么是基本配备,什么是政府应该承担的基本配备。如果一味拉高城市学校的基本配备,就要相应给每所农村学校基本的配备水平;在一个学校的配备中,要考虑学生平等应用。这就需要政府多规融合地进行一体化设计,这对教育信息化是非常重要的。这样的事情如果解决不好,城乡数字差距会拉大。

教育信息化当然也存在着缩小差距的可能性。我在这里就讲一些案例或模式。第一个案例是广东清远市。他们强调义务教育均等化,在信息化方面采取了一个非常重要的措施,明确了县市两级,大市和小市两级分担教育信息化投入。清远市本身的经济情况不错,下面有一些县经济情况也不错,但也有困难的山区县、省贫县。大市决定市级财政投入所有的农村学校,就是市级财政保农村学校,县级财政愿意投最好的就让它把县里最好的学校做好。它们整体采购了中移动网络带宽服务,每个学校包括完全小学以上的学校投入1G带宽,正在施工。所以这种投入的思路,是能够保证城乡均衡发展的,这种投入和政府的政策导向会缩小数字鸿沟。

在教育教学方面,全国的实验试点在三个方面取得了很好的成绩,一个是刚才讲到的政府实施教学点全覆盖工程,投入5万多所学校,估计全国现在有8万多所村小(不完全小学)或教学点,是增加的态势。资源提供是全国所有教学点,在国家公共服务平台上专门有一个栏目,就是所有一至三年级的7门课程(包括体育),每一节课的资源都有。当然这里还有一个毛病,目前提供的是人教版。人教版在农村学校使用大概在70％以上,2015年会加第二个版本。同时这些资源会按照教学的进度,通过卫星播发到不能够连到互联网的学校。通过一两年的努力,利用资源开齐开好国家课程取得了明显的成绩。湖北郧县有一位55岁民办转正的老师,学校只有他一个老师,有7个不同年级的学生,他就利用资源开好了所有课程,包括英语。他在英语课上,一边用资源上课,同时也做检测,检查到的学生英语单词不会念怎么办?他就找个会念的学生来念给不会的学生听,这就是教师的作用——帮助学生学习。小学生要上美术和音乐课,如果从一年级不上美术课和音乐课,到四年级到完全小学去,就根本没有那个感觉了,很难学会。教学全覆盖项目实施后,海岛上的孩子们都可以跟着电视学跳舞了,当然还有许多可以改进的地方,学得怎么样,还需要检测,看看是不是能够达到国家教育标准,这是后话。

　　第二种形式就是利用双向视频会议系统实现同步上课。安徽的模式已经做得有一定规模了,就是中心小学要为教学点开三门课——音乐、美术、英语。一位老师本来在中心校上面对面的课,下一节课可能被安排给某某教学点上双向视频课。把他自己的学生和教学点的学生分开上课,比较好地解决两边基础不一样、教学进度把握问题。

　　促进教育公平第三种比较好的方式就是实施网络教研。实际上各地都在推进网络教研,这方面发展非常快,本区域的网络教研已经可以替代过去传统的教研方式。过去那种老师一学期几次到教师进修学校听课的方式被取代,农村教师也可以与城市学校教师一起参加网上集体备课,相互评课。浙江东阳横店一中王老师做的语文课——现代诗阅读课,参加网上听课研讨的教师们给王老师很高的评价,也从中学到了信息技术支持现代诗教学的好方法。不是每个老师都能把现代诗的课上成这样,王老师说课前学生们在空间中给她提交的资料和问题对上好这节课很有帮助。

　　当然,许多老师,特别是农村教师在教育信息化应用中还有许多问题。教育信息化的效果必然出于教师在学生学习中利用技术真正帮助学生建构知识,必然出于学生真正利用信息技术更多地思考、分析、合作、探究和交流。教师的责任是让学生因为技术学得更好更活。一次我在一个农村初中听一堂双向视频的数学课。那个课看起来农村教师也能讲,不一定用双向视频会议系统上。课后,我找到这位教师,提出了我的问题,他的回答让我肃然起敬。他说,我的学生能够与城里最好的学校的学生同堂上课,可以感受到城里学生的思维,这对他们是一个很好的学习;偶尔我的学生回答问题会比城里学生还好,那就是对我的学生最好的激励。这件事使我坚信,尽管今天许多农村学校的信息化应用还很初步、很稚嫩,但它会在正确的思路和工作方针部署下,顽强成长。

文章架构

**一、转型发展是时代提出来的命题**
**二、要从一个更广泛的背景来看高等教育结构的调整**
**三、面临新的挑战中国高等教育怎么改革**
**四、推动部分本科高校转型的办法与策略**
**五、现场问答**

主要观点

　　高等教育面临挑战，必须加快改革和结构调整；部分本科高校转型发展是社会经济和高等教育进入新阶段的必然要求；高等教育必须建立分类体系，走开放融合发展道路。

关　键　词

● **高等教育** ● 结构调整 ● 转型发展

# 地方高校的转型发展

## 陈　锋

现任教育部学校规划建设发展中心主任。曾任教育部政策法制司副处长、处长,教育部发展规划司副司长,长期从事教育规划、战略、政策的研究和管理工作。

## 一、转型发展是时代提出来的命题

2008年发生了全球金融危机,从那时起我们就一直在思考地方高校的转型与发展,就是一个国家的教育体系跟它的经济社会发展到底是一种什么样的关系。当然这个问题非常复杂,但是2008年发生的全球金融危机给我们一个很好观察的机会。为什么只有在金融危机发生的时候才能给出观察的机会?因为在金融危机之前全球一片繁荣,每个国家都会觉得很好,经济发展数字都很漂亮,这时候很难去很好地判断。金融危机发生了,潮退了给我们一个很好的机会,让我们看到不同的国家,在金融危机时经济表现是什么样的,跟教育体系有什么关系,世界各国面对这样的挑战时对教育问题是怎么思考的。所以说金融危机给我们打开了一个非常重要的时间窗口。也可以说,如果没有一个好的时间窗口,很多问题要取得共识很难。纯粹学术的讨论有时候是非常困难的一件事,尤其是当学术探讨和政策抉择放在一起的时候就是一个更加困难的事情。比如我们研究在高等教育分类的时候部署了几所"985"高校,做高校分类研究,最后大家拿出来的第一批材料都是差不多的,都是说卡耐基分类是什么样的。高校学术研究的视野往往会受到一定的局限,而我们现在需要做的这件事更需要看的是看在不同历史阶段,不同国家的政府,它对于教育结构,对于高等教育类型作出什么样的抉择,这个抉择对今后高等教育和社会经济发展发生了什么影响,这是我们政府要做的事情和需要的研究成果。因此,研究高等学校的分类要用历史的视野,用经济社会的视野去分析和判断不同政府的选择,这个选择背后的原因,这个选择对后面整个教育发展产生的影响,对整个经济社会的影响。

2008年金融危机爆发后,我们对20多个国家进行了逐个梳理。这个过程中,逐步让我们把更多视野放在欧洲,以德国、瑞士、芬兰、奥地利、荷兰为代表的国家。大家一直以来很重视这些国家的经验,我们对德国的职业教育学习研究了30多年。这个环境下重新审视它们发展的历程,第一是因为这些是在全球金融危机以后表现最好的国家,而且他们的教育体系对后起的工业化国家和地区,如日本、韩国、台湾、新加坡,都有非常深刻的影响。第二是中国经济发展到今天这个阶段,我们需要研究下一步的竞争对手是谁,下一步发展方向是什么。总的来看,我们发展的下一个阶段跟他们20世纪70年代以来的发展阶段具有很大的相似性。第三是因为改革开放几十年来已经形成的教育体系的基础,事实上走的就是一个双轨制的路子,我们做的工作必须是基于对现有教育体系的改进。

在这个过程中,我们比较多的工作是去分析这些国家教育体系的选择跟它的经济竞争力的关系,跟它的产业结构的关系,跟它的社会文化的关系,以及它现在正在做的是什么样的事情。这些问题经过这么一个梳理以后,再把它放到职业教育体系框架中、职业教育政策设计里。因为按照教育部党组的部署,在贵仁同志、鲁昕同志的领导下,我们从2011年开始启动了现代职业教育体系规划工作,这是2010年教育规划纲要提出来的。我们从全球金融危机梳理出来一条重要经验,就是实体经济发展同比较完善的现代职业教育体系是有紧密关联的。要建立中国特色、世界水平的现代职业教育体系,就提出了建设中国特色应用技术大学这么一个命题。以后又产生了一个新的问题，就是谁来承担中国应用技术大学的使命，无非就是几种路径，包括升格、新设、转型。多数国家走过的路径，把原来的职业教育资源进行重新整合和提升，形成应用技术大学，或者叫应用科学大学、产业大学。我个人认为，从经济社会发展的需求和布局上考虑，升格和新设都是必要的。但为什么主要选择方向是部分普通本科高等学校转型，这是跟我们对高等教育的结构判断有密切关系。高等教育从精英化向大众化、普及化发展，从高等教育发展的规律和国外实证研究看，其增量都应该主要是应用技术类型和高职高专类型。但因为在大众化高等教育快速发展的时候，在制度设计上对本科高等学校没有分类，新增本科资源实际上是复制了精英高等教育的模式。到2020年，我国高等教育的毛入学率将达到40%，现在必须作出这样的政策选择，解决高等教育尤其是本科高校的结构性问题。所以，部分本科高校转型发展既是现代职业教育体系建设的问题，也是高等教育结构调整问题，当然也是终身教育体系建设的问题。

从2013年1月份开始启动研究，到2013年5月份把基本思路上到教育部党组会，党组会2013年5月2日原则通过，到现在开展工作一年多。期间贵仁同志、鲁昕同志多次进行了深入研究。目前这个思路已经写入国务院关于加快发展现代职业教育的决定和现代职业教育规划体系当中。2014年2月26日，国务院常务会议发布的新闻公告里专门写了这句话。4月份中共中央国务院发布新型城镇化规划的时候又写上了这句话。新型城镇化规划和国务院决定里的用词稍有差别，国务院决定写的是部分本科普通高校向应用技术型转型；新型城镇化规划强调了部分地方本科院校，主要是考虑地方本科院校直接为新型城镇化服务。

从整个工作来讲，转型的范围并没有局限在地方本科高校，也没有局限于1999年以后新升本出来的院校，主要的策略还是试点推动、示范引领。在研究这个问题时，我们拿1999年以后新建的600所本科院校做分析的样本，因为这是进入高等教育大众化发展阶段以后发展起来的高校。但具体的工作不会以本科院校设置的时间为限，而是基于学校的具体定位。在此之前设置的学校也可能就属于这类院校，在此之后设置也可能不属于这类院校（比如南方科技大学和上海科技大学）。也不会按隶属关系划分，地方肯定是主体，但不是绝对的。

这个工作启动以来大家对这个事情的议论也比较多，有的同志讲这是高等教育最深刻的一场变革，也有同志有很大的顾虑。1 200所普通高校，也有几种不同的想法。一种觉得这个方向正确，要积极探索，或者说有些学校在过去几年或者十几年已经尝到了甜头，觉得这个事情要大胆往前走；有些学校处在等待状态，等着国家能不能出台优惠的政策，有好处我就来；还有学校是徘徊犹豫；还有些学校觉得这类事情跟我没有关系，尤其因为有些媒体炒作600所的事，觉得自己不在600所里面，这件事情跟自己没有关系。我在很多场合讲，这件事情不是一个项目，不是一个工程，当然国家要支持，但是重点不是说你在哪些政策、资金、项目上可以得到好处，重点这是一项体制的改革和制度的变革。这项工作难的是制度性的变革，无论是宏观制度层面还是微观学校层面，这项改革都是系统工程。我们希望学校看待这个事情不要看做这件事情有什么好处，而要去看这项制度改革的趋势是什么。

## 二、要从一个更广泛的背景来看高等教育结构的调整

中国高等教育面临什么挑战？基本上可以从三个方面认识。第一个是技术革命速度不断加快的挑战。为什么这里说速度，而不是简单说技术革命挑战。高等教育发展最根本的动力是科技进步，而现在科技革命的速度以至整个生产和生活方式变革的速度是前所未有。前天思科找我们，希望参与部分地方本科高校转型发展工作。思科和我们讲的就是这个概念，单纯从信息技术角度来讲，五年内基本上会有整体性的变化，现在基本上是两三年就会有一个全面的变化。在我们上大学的四年时间里，信息技术整个领域的知识体系已经发生了革命性的变化。所以在工业化早期，现代大学形成的时候，那个时候技术进步跟前工业化时代相比速度是很快的，可是今天来看是很慢的。一个人一生所面对的生产和生活环境没有发生重大的变化。但是科技革命的速度越来越快，现在的学生上四年大学，一毕业社会生产生活方式就已经巨变了。所以这个社会一定是终身学习的社会。在这个过程中，高等教育始终在变革。从英国到美国为之一变，到洪堡大学再为之一变，到麻省理工和加州理工又为之一变，到高等教育进入大众化阶段，加州高等教育体系建立和欧洲应用科技大学崛起，到今天德国双轨制大学开始发展，总的方向是在技术进步的推动下，大学与经济社会的联系越来越紧密。

所以，在今天技术革命成为社会常态的背景下，如果按照传统办学模式继续下去，高等教育作为社会的文化和技术中心的地位将会遇到前所未有的挑战。如果这个地位并不存在，高等学校存在的意义又是什么，存在的价值又是什么。这就很自然地提出一个问题，是对高等教育根本作用提出挑战，这就必然意味着高等教育一定要有深刻的改革才能适应这种变革。

第二个重大变化是信息技术革命，尤其是互联网技术发展带来的挑战。最近大家讨论得很热烈，互联网到底会不会颠覆教育。颠覆这个词关键在于怎么理解，如果传统学校都不存在了，那是不可能的；但传统学校不改革，也必然会失去生存发展的基础。我想，未来教育从形态、技术、价值观和制度的角度都可能会有非常深刻的变化。所以，从校园角度讲我们现在是三个校园，第一个校园是围墙围起来的校园；第二个校园是现在我们做的改革，要打破封闭的校园体系，把校园延伸到合作伙伴，合作的企业、行业、社区，甚至家庭，变成一个开放式的校园；第三个校园是互联网的校园，这个互联网校园绝不是简单地把互联网信息技术作为工具使用，实际上它最重要的意义是把学校的生存和发展的空间扩大了，原来是一个四维时空，现在可能是七维八维的时空。

另外一种可能，就是新的大学产生很可能不以传统的第一个校园为基础，而是以第二个校园为基础。我们有1 000多所企业大学，都是过去几年时间发展的。很多学校说校企合作企业没有积极性，是因为你没有把准企业需求的脉。中国那么短时间为什么会形成那么多企业大学？是因为企业有人才培养需求，企业大学先天性跟企业发展融合在一起。新型大学有没有可能以这样一种校企融合的企业大学为基础发展起来？还有一种可能是新型大学以第三个校园为基础。互联网教育就是今天整个社会讨论最热的问题。在体制内这个问题讨论得很热，在体制之外简直已经到沸点了。如果互联网加上人工智能技术、虚拟现实技术的突破的话，它很可能给互联网化的教

育会带来一个深刻的革命。

第三个就是经济发展方式转变、产业转型升级的挑战。地方高校转型这件事,直接瞄准的目标是为产业转型升级不断提供先进技术人才,推动产业先进技术的转移。让学校参与到所在区域以企业为主体的技术创新体系的建设中,这是地方本科高校改革发展最紧迫的任务。当然还要考虑社会建设和管理、公共服务、文化创意产业发展的要求,随着城镇化的推进,这类人才的需求量越来越大。但这类人才有着一个显著的特点,就是复合型应用技术人才,完全突破了传统学科—专业分类的框架,也同样要求人才培养模式的深刻变革。

第四个挑战是高等教育大众化以来一直面临的问题,就是我们的高等教育大众化没有走向多样化。为什么没有实现这个目标,是因为我们高等教育体系的相对封闭性。只有一个开放的系统才能不断地走向多样化,一个相对封闭的系统总是很难走到多样化。所以,高等教育要多样化发展,高校要特色化发展,一定要走开放融合的发展之路。应用技术类型高校就是走产教融合、校企合作之路。走这条路,这些学校必然是特色发展的,高等教育必然是多样化的。不走这条路,你说你是应用型高校,那都是假的。

# 三、面临新的挑战中国高等教育怎么改革

我觉得中国高等教育改革要解决几个关键问题。一是要走开放融合发展之路,不管是研究型大学还是应用技术大学都要坚持开放融合发展,不只是定位不同,服务的对象、融合的对象也不同。十八届三中全会决定讲产教融合,从产教结合到产教融合一字之差,是科技进步加速的要求,也是想说明中国经济需要打破原来的发展方式。原来我们靠资本投入,靠廉价劳动力,现在要把人力资本投入和技术进步放进去。同时也意味着要打破原有人才培养链条,要把教育的每个环节分别嵌入到整个经济增长和技术进步的过程里面。

二是要建立高等教育分类体系。这是规划纲要提出来,这个分类一定不是传统意义上从学术研究分析高等教育特点所做的分类,而是国家根据经济社会发展需求的多样性、根据人的多样化发展的要求所做的分类。我认为在本科层次上,最基本的就是两类,一类是科学研究型的大学,一类是应用技术型高校。在此基础上,再去看看我国高等教育的现状,再为其他新型大学或者特殊类型的大学的探索留下点空间,形成中国高校的分类体系。

三是对高等教育结构调整采取存量优化和增量提质的方针。要提高高等教育质量,调整结构是前提,制度和机制设计是核心。无论是从高等教育的发展战略考虑,还是从高校毕业生现实的就业状况考虑,我的建议是八个字"存量优化,增量提质"。存量优化的核心是部分地方本科院校转型发展,形成合理类型结构,推动高校走产教融合发展之路。增量提质是通过招生计划、院校设置制度和财政拨款机制的改革,使高等教育的增量尽量是优质增量。现在高等教育的规模已经足够大,下一阶段的主要任务不是扩大规模,因此,增量要担负起引领结构调整和提升质量的任务。原来体制在规模发展阶段发挥了比较好的作用,但矛盾是每个层次新增高等教育增量都是这里面

最差的资源。高校排成一个长队,今天升格的排在最后,但明年还会有20所排在后面,相对名次不断提升。如果将来新的高校进来,能够排在中间以上,或者在本区域是排在中间以上,至少达到两方面的效果:一个是不断提升高等教育教育质量,二是真正形成高校间的竞争。

四是评估制度的改革。五是建立一个各类型高校公平竞争的平台。六是扩大高校的办学自主权。时间有限,今天不展开讨论。

我只强调一点,就是高等教育的改革应当将政策方针、价值导向、评价标准和利益机制设计统筹起来研究。教育部一直强调高校要为经济社会发展服务,但如果价值导向、评价标准和利益机制是驱动高校追求升格更名、争取各种重点名号、发表论文数量,等等,这个政策方针就难以落实。教育部也一直强调高校要以提高质量、特色发展为重点,但如果价值导向、评价标准和利益机制是驱动高校追求规模的,这个政策方针同样难以落实。所以,这个改革一定是一个系统性的改革。

## 四、推动部分本科高校转型的办法与策略

一是制度倒逼。把制度设计好了是关键,使发展高等教育的政策方针变成实实在在地对高校有引领作用的价值导向、评价标准和利益机制。因此,需要从改革的角度来思考院校设置的制度、招生计划的制度、宏观调控的制度、财政拨款的制度、收费的制度,以及评估的制度。对学校来讲也是一样,转型不是修修补补,是要探索建设新型大学,是学校发展范式的改革。从这个角度去思考,可能转型学校原有的治理结构、发展路径、管理流程、培养模式、专业体系、教学方式、教师结构、绩效评价、资源配置机制都会和原来有很大的差别。回顾一下世界高等教育的发展史,新型大学的建立往往对高等教育的改革有突破性的作用。

二是示范引领。2013年以来,推出了一系列转型发展的典型让大家学习。为什么现在有些学校的转型走在很前面,主要有两种情况,一种是尝到甜头,在转型发展中学校实现了跨越式发展;一种是尝到了苦头,从绝境逼出来改革之路。

三是国际合作。我认为,当前我国高等教育改革要特别重视在学习借鉴的基础上探索中国特色的发展之路。在应用技术类型高校的发展上,要着力打通国际合作的通路,希望通过国际合作达到多重目的。第一,能够更好地推动部分本科高校的转型;第二,希望把好的人才培养模式引进来;第三,要在产业先进技术转移和应用上,走国际化的校企合作之路。如果这件事办好了,可能对我们国家的产业升级有直接的推动作用。

四是发挥省级政府的统筹作用。我国的基本国情就是地区差异大,所以推动部分地方高校转型发展要给各个省更大的自主权。有条件的省赶紧走,试点范围可以大,也可以小;没有条件的省先办培训班,请专家讨论,学校互相参观。

我们所期望的效果,一是能够涌现一批高校在区域经济社会发展、产业转型升级中发挥重要作用;二是高等学校和职业院校竞争活力大大增加;三是现代职业教育和终身教育体系能取得突破性的进展;四是高等教育新的体系和宏观调控机制初步形成。

## 五、现场问答

问:预计转型涉及的面会有多大?

答:目前阶段还是由各个省来确定试点的范围和进度,原因是各个省成熟条件完全不一样。目前基本是四种情况:一类是全面推进分类改革,一类是确定了试点范围,一类是出台了引领性的政策,一类是还在学习、研究和培训。

重要的是转型步伐一旦启动就必然是持续不断的过程。我刚才讲了很多对宏观背景的思考,这是因为,我认为,部分本科高校转型发展应当只是高等教育结构调整的第一步,但这一步迈出去,就一定要有第二步、第三步。不管走得快还是走得慢,有些事情一定要去做,这是时代发展的要求。

问:清朝之后,民国就学美国;新中国成立以后很长时间学苏联;21世纪以来,我们学欧洲比较多。但是我觉得欧洲双轨制和应用技术大学、和高等教育的结构是没有太直接关系的,因为美国没有应用技术大学的提法,但是也不能否定它多数大学还是注重应用技术的。

答:刚才讲了我们整个思考的脉络。从今天的角度看,我们不能简单地停留在学什么上,需要的从历史的视野看高等教育和经济社会发展的关系,总结其中核心的规律。比如,在工业化不同阶段办什么类型的高等学校,高等教育大众化以后的结构是什么样的,为什么高等教育和职业教育的改革不断地走向产教融合等。20世纪初,国人当时睁眼看世界的时候,看美国看得比较多,而且看研究型大学看得比较多。但是如果回过头研究美国教育的历史,比如在工业化初期,美国人搞"赠地学院",当时就强调主要办农业、农业机械两类专业。用今天的眼光看,这就是产教融合的高等职业教育。加州的公立高等教育体系对加州成为世界高科技的中心起到巨大作用。我们看它讨论、形成的过程,怎么把加州的发展战略、高等教育分层、分类和大众化有机地结合在一起。2008年金融危机以后,美国实施再工业化战略时,怎么把社区学院的改革摆在重要位置的。这些对于我们发展中国家怎么进行高等教育结构调整,贫困地区怎么发展高等教育都有极其重要的启示。所以,我还要再强调,重要的不是哪个国家现在是什么样子的,重要的是如何认识工业化以来高等教育发展的历史,我们要在历史过程中作判断。核心命题都是围绕在这样一个历史发展过程中,教育跟经济的关系到底是什么,作出什么样政策选择,后续会发生什么样的影响,这是我们研究的出发点。

**文章架构**

一、"教育"与"学习"的关系

二、学习的发生

三、以学习者为中心

四、发展高层次的思维能力

五、对非正规和无一定形式学习的成果的认可

六、建立国家资格框架(NQF)

七、建立国家资格体系的机遇和挑战

八、如何建立国家资格框架?

**主要观点**

　　学习可以分为正规学习、非正规学习和无一定形式的学习。由于人的一生中大部分知识和能力实际上是通过非正规学习和无一定形式的学习获得的,国际社会重视对非正规和无一定形式学习的成果的认可。在这种背景下,世界上越来越多的国家和地区正在探索和建立国家资格框架,并把其作为促进全民终身学习和建立人力资源强国的重要抓手。

**关 键 词**

● 教育 ● 学习 ● 学习成果认证 ● 国家资格框架

# 建立国家资格制度 促进全民终身学习

## 杨 进

男,1983年毕业于西安交通大学,获工学学士学位,1992—1997年赴英国留学,获曼彻斯特大学教育学硕士和哲学博士学位。现任教育部职业技术教育中心研究所所长,兼任中国职业技术教育学会副会长等学术性职务。主要研究领域包括比较教育、职业教育政策、职业教育教学改革和课程建设、终身学习政策、学习型城市(地区)建设等。

很高兴参加由中国教育发展战略学会举办的"新型城镇化进程中的教育战略与人才培养研究"课题第二次学术研讨会。借此机会我汇报下以下八个方面的想法。

## 一、"教育"与"学习"的关系

联合国教科文组织从 20 世纪 70 年代开始,已经三次制定国际教育标准分类法,最近一次是 2011 年通过的《国际教育标准分类法》(2011)。这个分类法对"教育"和"学习"进行了明确界定。"教育活动"是指通过某种形式的、有组织的、持续的交流而引发"学习"的有意识活动。这就意味着引发"学习"是"教育"的目的,没有"学习"就没有"教育"。什么是交流?交流的定义非常宽泛。交流是两个人或者更多人之间,或者是无机媒介与人之间传输信息的关系,交流可为言语和非言语的,直接或者面对面,或者间接远距离的,并可有多种多样的途径和媒介。什么是学习? 联合国教科文组织对"学习"的定义也是非常深刻:个人通过经历、实践、研究或听讲,而在信息、知识、理解力、态度、价值观、技能、胜任力或者行为方面的获取或者改变。毛主席讲,"读书是学习,使用也是学习,而且是更重要的学习",非常正确。我们必须从这些方面来看什么是学习,不能把学习仅仅局限在掌握知识,应付考试,否则我们就太片面了,就会扼杀孩子们的兴趣和创造力。"有组织"是带有明显或者隐含的目标,并按一定的形式或者顺序有计划地进行的,学习过程带有持续时间和连续性的成分。

## 二、学习的发生

人们感知外在世界有五种感觉器官,包括视觉、听觉、嗅觉、味觉和触觉。通过这些感觉器官,把获得的感知传送到大脑。每个人的大脑平均有 860 亿个神经元,每个神经元又有 1 000 到 10 000 个神经触觉,这样,大脑就有着巨大的资源。如果不去刺激这些神经元,大脑就形成不了记忆。只有经过感觉器官传递刺激信号后,神经元之间才能建立起神经联结。我们的态度、情感、知识、理解力、技能等全部储存在这些密密麻麻的神经联结上。当然,神经联结要建立得越多越好,越结实越好。

过去说学习可以分为正规学习、非正规学习和无一定形式学习。根据脑科学研究的成果,这样的分法缺乏科学依据。国际上目前倾向于把学习分为:日常生活中的学习、院校中的教育性学习、工作场所中的学习、基于兴趣的学习和基于互联网的学习。

## 三、以学习者为中心

以学习者为中心具有非常丰富的内涵,整个教育教学环节必须从学习者的需要出发,包括学习动机、学习内容、学习过程、学习环境、学习资源、学习成果测评、学习成果的认可等环节。我特别赞赏联合国儿基会提出的"对学生友好型的学校"(爱生学习)的理念,这里就体现了以学习者为中心的思想。

## 四、发展高层次的思维能力

最初步的学习是获得"数据",在"数据"基础上的形成"信息",在"信息"的基础上构建"知识",然后在"知识"的基础上发展"智慧"。要形成这样一个过程,就必须要有发现、吸收、应用、互动和反思,要积累素材,联系素材,并形成一个整体。只有把若干素材联系起来形成一个整体,才能把数据发展成信息,把信息发展成知识,把知识上升到智慧。遗憾的是,现在很多国家的教育集中在数据、信息和知识层面上,对智慧发展不够。从小学、幼儿园开始就应该让孩子们有观察和思考,要让孩子们"活在当下",学会发现、学会体验、学会思考。打基础不仅仅是掌握知识的过程,而是动态的知识和能力相互发展的过程。

## 五、对非正规和无一定形式学习的成果的认可

这是国际社会近些年来非常重视的一个问题。我们目前对学习成果的认可仍然是在围绕正规的学历教育来进行的。然而,国际社会往往更加关注对非正规和无一定形式学习的成果的认可。原因就是人的一生中大部分知识和能力实际上是通过非正规学习和无一定形式的学习获得的。

非正规和无一定形式学习的成果必须得到鼓励或者认可。欧盟以及很多国家已经通过立法形式承认非正规和无一定形式学习的地位和作用。法国等一些国家已经建立了认可非正规和无一定形式学习成果的法律和公共政策,还有很多国家已经通过提供各种各样的学习机会来为人民群众终身学习提供条件保证。非洲一些国家对学习成果的认证已经是成为推进教育和培训制度改革的重要力量。教育和培训制度要给学习者提供各种不同的具有选择性学习路径。在亚太一些国家,通过非正规和无一定形式学习获得的学分能够转化为正规教育的学分,传统教育体系的封闭性已经打开。

在学分积累和认证方面,韩国建立起学分银行系统,德国建立了认证和记录学习成果的系统,一些国家还采用更为人性化的、灵活的做法。菲律宾建立了记录各种学习成果的"学习护照",学完一个项目就纪录一个项目的学分,包括在生活和工作中取得的实际经验和技能,也能转化成相应的学分。例如,丈夫病了,妻子辞职在家里陪护他若干年,其实际护理水平可能达到了专业护士的水平。经过专业机构的认可,再学习必需的理论知识,她就可以获得护士资格证书,并不一定要到护士学校进行规定学制的学习。

## 六、建立国家资格框架(NQF)

需要特别强调的是,这个框架不是学历、学位框架,而是国家资格框架。现在欧盟建立的就是

资格框架，澳大利亚和新西兰也建立起国家资格框架，这些框架都是把学历、学位和职业资格合二为一。我们总是强调尊重各类人才，但学历、学位体系与职业资格体系分而治之，彼此之间没有建立等值关系，往往把取得高层次学历、学位的人当成人才，而把具有职业资格的人不当成人才，这是非常落后的观念和做法。世界上越来越多的国家和地区正在探索和建立国家资格制度，我们必须高度重视这一问题。这里真正需要顶层设计，把技能、胜任力和知识放在同等重要的位置，不解决这个问题，我们的教育就无法真正适应经济社会发展的实际需要。

## 七、建立国家资格体系的机遇和挑战

我们现在面临很好的机遇，一是越来越多的国家接受了终身学习这一重要理念；二是以能力为本位的学习成果评价越来越得到普遍认可；三是越来越多的高等教育机构接受通过非正规和无一定形式的学习取得的成果；四是越来越多的行会、工商企业参与标准制定和评价过程。

我们还面临一些挑战。一是很多国家在政策层面上依然缺乏对非正规和无一定形式学习重要性的认识；二是教育和培训体系的过时、死板，缺乏提供灵活学习机会的热情和能力；三是在开发以能力为基础的国家资格框架以及把认证与资格框架和能力标准联系起来中存在难度；四是非常有限的面向学习者和潜在学习者的信息、咨询和指导服务等；五是一些利益攸关方特别是高等学校和企业，对资格认证缺乏必要的信任。

## 八、如何建立国家资格框架？

一是要宣传对非正规和无一定形式学习的重要性的认识；二是要对缺少正规教育机会的社会不利人群给予更多关注，并为他们提供多种多样的学习机会；三是建立国家学历学位和资格证书全面融通和等值等价的观念；四是加强对学习成果认可过程、标准、考核和评价手段、技术开发；五是促进各个利益攸关方之间的沟通和合作；六是用终身学习的理念来改造现有的教育和培训机构；七是要向学习者和潜在学习者提供信息、咨询和指导；八是要建立有效率的和有效果的财政支持机制。

总之，建立国家资格体系是文化、政策和技术相结合的课题。细节决定成败。应当承认，一个国家建立资格体系是一个很艰巨的过程。资格体系也不是万能良药，它本身并不能创造知识和能力，而是对已有知识和能力的认可。但是如果建设合理并认真实施，国家资格体系可以成为促进全民终身学习和建立人力资源强国的很重要的抓手。

文章架构

一、校外活动场所的建设实现跨越式发展,社会教育资源得到充分利用

二、随着我国教育事业的蓬勃发展,校外教育越来越受到重视,校外教育发展水平不能完全满足广大青少年的需求

三、制定战略规划,加强统筹协调,促进有效衔接,加强队伍建设,保障经费投入,加大校外活动场所的建设力度

主要观点

"十二五"期间,我国新建的校外活动场所大大丰富了青少年的校外生活,缩小了区域、城乡之间校外教育发展差距,促进了教育公平的普及。建设一支高素质的校外教师队伍,充分发挥和拓展校外教育的服务功能,通过兴趣爱好与特长培训活动、科学实践活动、专题教育活动、素质拓展活动、生存体验活动,促进青少年的全面发展,实施素质教育,培养创新拔尖人才,实施"蒲公英"行动计划。

关 键 词

● 校外教育 ● 校外活动场所 ● 校外教师队伍 ● 校外教育机构
● "蒲公英"行动计划

# 我国校外教育的形势与任务

———— 俞伟跃 ————

教育部基础教育一司副司长。

我国校外教育发展分为三大部分：一是校外活动场所建设实现跨越式发展，社会教育资源得到充分利用，校外教师队伍素质不断提高，各类校外教育活动蓬勃开展；二是随着教育事业的蓬勃发展，校外教育越来越受到重视，校外教育发展水平不能完全满足广大青少年的需求；三是制定战略规划，加强统筹协调，促进有效衔接，加强队伍建设，保障经费投入，加大校外活动场所的建设力度。

## 一、校外活动场所的建设实现跨越式发展，社会教育资源得到充分利用

近年来，在党和政府的高度重视下，在中央专项彩票公益金的大力支持下，我国校外活动场所建设实现了跨越式发展。2001—2010年，教育部利用中央专项彩票公益金支持建设县级校外活动场所1 692个，基本实现了全国每一个县都有一个综合性未成年人活动场所的目标。截至2011年底，教育系统所属独立建制的各类校外活动场所共3 187个，与2000年相比，场所数量增加了约3倍。"十二五"期间，教育部又利用中央专项彩票公益金分批次支持各省地级市建设150个示范性综合实践基地。同时，由中央文明办牵头，教育部与财政部在"十二五"期间拟依托乡镇中小学校建设12 000个乡村学校少年宫。这些新建的校外活动场所大大丰富了青少年的校外生活，缩小了区域、城乡之间校外教育发展差距，促进了教育公平的普及。

为动员全社会关心青少年的健康成长，满足更多中小学生参加社会实践的需求，为中小学社会实践提供丰富优质社会资源，2011年，教育部印发了《关于联合相关部委利用社会资源开展中小学社会实践的通知》，通过与相关部委的协调配合，在公共机构、公共设施、国有企事业单位等建立质量教育、节水教育、科普教育、消防安全教育、毒品预防教育、爱粮节粮教育、档案教育和水土保持教育、环境教育等各类主题教育社会实践基地483个。这些基地根据各单位资源条件，有针对性地对广大中小学生开展某一类专题教育，对于更新教育观念，丰富教育内容，改革教学方法，创新人才培养模式，引导中小学生把学习科学文化与加强思想修养统一起来，把学习书本知识与投身社会实践统一起来，具有重要意义。

校外教师队伍是校外教育活动的直接实施者，教师素质的高低直接影响校外活动的水平。因此，努力建设一支高素质的校外教师队伍尤为重要。为进一步提高校外教师队伍素质，2008年以来，教育部利用中央专项彩票公益金积极开展青少年校外活动场所师资培训项目，并在培训内容、组织形式上进行了有益的探索，取得了较好的成效。据统计，2008—2010年期间，共培训校外活动场所负责人、场所管理人员和骨干教师等各类人员12 000多名，实现了100%青少年学生校外活动中心管理人员、100%中央专项彩票公益金支持项目负责人和30%的骨干教师接受国家级培训的目标。可以说，校外教师队伍的学历层次、专业机构与以往相比有了较大提高，为建设一支素质良好、敬业爱岗、专兼职结合的校外教师队伍奠定了坚实基础。

作为我国公共文化服务体系的重要组成部分，各类校外活动场所充分发挥和拓展校外教育的服务功能，面向广大中小学生普遍开展了以下几种类型的活动：一是兴趣爱好与特长培训活动，主

要包括面向中小学生的舞蹈、声乐、器乐、美术、书法、球类、棋类、武术、计算机等活动项目。二是科学实践活动,主要包括科学探究、技术与设计、科学与艺术、科普教育等活动项目。三是专题教育活动,主要包括国情省情教育、革命传统教育、传统美德教育、民主与法制教育、心理健康教育、国防教育、环境保护教育、毒品预防教育、民族民俗文化教育等活动项目。四是素质拓展活动,主要包括军事训练、体能拓展、竞技比赛、趣味游戏、文化娱乐等活动项目。五是生存体验活动,主要包括生活技能训练、野外生存体验、紧急救护训练、防灾减灾演练、手工技艺体验、农业劳动实践、工业劳动实践、职业生活体验、社区服务实践等活动项目。

通过开展丰富多彩的校外活动,在引导青少年树立理想信念、锤炼道德品质、养成行为习惯、提高科学素质、发展兴趣爱好、增强创新精神和实践能力等方面发挥了重要作用,促进了青少年的全面发展,为实施素质教育和创新拔尖人才的培养搭建了平台。

## 二、随着我国教育事业的蓬勃发展,校外教育越来越受到重视,校外教育发展水平不能完全满足广大青少年的需求

随着我国教育事业的蓬勃发展,校外教育越来越受到重视并取得一系列成就,但必须看到,当前校外教育发展水平还不能完全满足广大中小学生对于校外活动的需求。概括来说,我国校外教育工作还存在以下不足:

据统计,全国现有中小学生近2亿人,平均每7万未成年人才拥有一个活动场所,仅在数量上,校外活动场所在满足青少年校外文化需求方面仍有较大缺口。虽然近年来,校外活动场所建设有了很大发展,但总体上总量不足,分布不均的情况并没有得到根本性地改变。

目前,我国校外教育机构分属教育、共青团、妇联、科协四部门管理,造成多头管理,缺乏统一规划。由于缺乏完善的管理体制,导致少数校外活动场所对校外教育定位认识不清,价值追求存在偏差,忽略了校外教育应有的公益性,在招生、办班、收费等方面存在诸多乱象。特别是社会上各类民办校外机构,鱼龙混杂,不能为广大少年儿童提供合适的校外教育。

教育系统所属校外活动场所经费主要来源渠道有政府拨款、活动收费、社会支助及其他来源渠道。由于财政性经费投入有限,各类校外活动场所普遍存在经费不足的情况,从而导致以"培训"养"活动"的经费运行模式普遍存在。另外,由于各地社会经济发展及相关部门重视程度等因素制约,不同区域之间校外活动场所的经费投入状况呈不均衡现象。

由于经费短缺,导致经济效益比较差的校外活动场所很难吸引优秀人才,尤其是缺乏管理人才,教师队伍缺乏稳定性。与学校相比,校外机构教师在专业成长、个人发展方面机会较少,教师培训经费不足,相互交流学习不够,素质有待提高。

部分活动场所对校外教育活动的实践性和体验性认识不足,偏重于特长培养和学科补习,服务形式偏重于简单培训和竞赛,服务项目单调,内容单一,对学生吸引力不大。同时,场所服务时间与中小学教学时间未能实现合理对接,未能建立场所活动与课程结合的有效机制,存在"白日

空"现象。服务的运行保障机制，如经费保障机制、安全保障机制、志愿者服务机制等尚未建立，为高质高效提供服务带来一定难度。

## 三、制定战略规划，加强统筹协调，促进有效衔接，加强队伍建设，保障经费投入，加大校外活动场所的建设力度

为贯彻党的十八届三中全会精神，推动我国校外教育事业健康、有序地发展，促进素质教育的全面实施，教育部决定从2014年"六一"至2017年"六一"实施"蒲公英"行动计划。蒲公英有着充满朝气的黄色花朵，成熟后的种子随风飘散，播撒生命的希望。以"蒲公英"形图案作为校外教育标志，寓意着青少年在校外活动中自由放飞、追逐梦想。该计划由九个方面组成，即建、配、管、用、研、训、协、评、宣。主要内容如下：

**1. 构建校外活动场所网络**

校外活动场所是促进青少年全面发展的实践课堂。为满足广大青少年对校外活动的需求，教育部将进一步加大校外活动场所建设力度，努力构建布局合理、功能完备、充满活力的校外活动场所网络。

（1）推进项目建设。在已有校外活动场所基础上，"十二五"期间，全面完成中央专项彩票公益金支持的150个示范性综合实践基地项目和12 000个乡村学校少年宫项目建设工作，确保全部投入使用并正常运转。

（2）做好能力提升。充分利用"中央专项彩票公益金支持未成年人校外活动保障和能力提升项目"，做好校外活动场所活动补助、能力提升和人员培训工作。到2017年，使县级校外活动场所全部达到国家规定的标准。

（3）开展专项督查。为做好校外活动场所建设项目管理工作，教育部将对近年来批复立项的示范性综合实践基地项目建设情况开展专项督查，逾期不能开工建设的，将取消项目资格，收回项目资金。

**2. 制定装备标准**

教学装备是教育教学活动的物质基础，能够丰富教学活动的内容和环境。为改善校外活动场所的装备配置，教育部正在研究制定相关配置标准，保障校外活动场所基本办学条件。

（1）修订"活动指南"。在总结分析各地贯彻落实《示范性综合实践基地实践活动指南（试行）》情况基础上，教育部将对"指南"进行修订完善。

（2）制定配置标准。在对县级校外活动场所活动装备配置情况进行分析研究基础上，制订

《县级校外活动场所活动装备配置指南》，指导各地结合自身地区特点，以经济适用为原则合理配置活动装备项目。到2017年，使所有校外活动场所具备基本设施设备条件，基本办学条件得到保障。

### 3. 完善校外教育治理体系

随着我国经济建设和社会发展的变化，校外教育乃至整个社会教育变得越来越复杂，为促进校外教育的健康发展，教育部借鉴国外校外教育制度建设的经验，结合我国校外教育发展特点，努力健全完善校外教育治理体系。

（1）加强统筹协调。切实发挥"全国青少年校外教育工作联席会议"的统筹协调作用，落实联席会议办公室职能，建立规范化、制度化的议事制度。指导各地建立健全青少年校外教育工作联席会议制度。

（2）积极发挥校外教育专业委员会作用。健全管理制度。启动《少年儿童校外教育机构工作规程》（教基[1995]14号）修订工作。制订《校外教育"十三五"发展规划》、《校外活动场所管理办法》和《中小学生研学旅行活动指导意见》。

（3）保障经费投入。研究确定校外活动场所基本服务内容，协调相关部委制定符合校外特点的收费管理办法。鼓励社会力量通过捐赠、资助等方式支持校外活动场所建设。

（4）重视安全保障。指导各地做好校外活动场所安全保障工作。鼓励中小学参加学校责任保险，提倡学生自愿参加意外伤害保险。通过完善校外教育的治理体系和经费投入、安全保障机制，为校外教育的良性发展提供制度保证和坚实基础。

### 4. 充分发挥校外教育服务功能

校外活动有利于推进素质教育的实施，促成广大中小学生发展的多样性和丰富性。为充分发挥校外教育服务功能，教育部指导各地根据不同场所的功能和特点，结合学校的课程设置，统筹安排校外活动，努力增强校外活动场所的服务能力。

（1）促进有效衔接。指导中小学校根据教育行政部门的统筹安排，把校外实践活动排入课程表，切实保证活动时间，并做好具体组织工作。指导各类校外活动场所根据学校校外活动需要，积极开发活动项目，精心设计活动内容，努力创新活动形式，促进校外活动与学校教育有效衔接。

（2）开展主题活动。指导各类校外活动场所积极开展红色旅游、研学旅行、素质拓展或志愿服务等富有特色的主题教育活动。精心培育一批青少年喜欢、教育效果好的校外活动品牌。

（3）做好课后服务。制订中小学开展课后活动服务指导意见。指导各地采取政府购买服务、引入校外教育资源和利用志愿者服务等多种形式破解"三点半难题"，为中小学生减负提供支持。

（4）加强示范引领。开展校外教育综合试点工作，鼓励试点地区在校外活动内容设计、活动组织、运行模式等方面进行积极探索，形成校外教育发展的有效途径和长效机制，推动校外教育健康、有序发展。

## 5. 重视前瞻性应用性研究

为推进校外教育工作的创新与发展，教育部高度重视校外教育科研工作，积极引导广大校外教育工作者和专家开展前瞻性、应用性研究。

（1）加强战略规划。组建校外教育专家指导委员会，就校外教育发展的重大问题提供政策咨询、理论指导等。

（2）开展应用研究。根据校外活动场所的不同类型和校外教育的特点，确定课题指南，开展应用性研究。

（3）推介研究成果。培育一批校外教育理论优秀成果，推出一批校外活动场所文化育人和实践育人的优秀项目和实践活动课程资源。

## 6. 培训教师队伍

专业的校外教师队伍是推动校外教育发展的第一资源。为提升校外教育师资水平，教育部积极采取措施，强化在职培训，健全激励机制，努力培养一支素质良好、敬业爱岗、专兼职结合的教师队伍。

（1）加强队伍建设。研究制定校外教育教师专业标准，建立准入机制，逐步改善校外教师队伍的学历层次、专业结构和知识结构，提高整体素质。

（2）强化在职培训。制订符合校外教师教育特点的培训方案及培训内容。将一部分校外教师培训纳入"国培"计划。开展东西部地区、城市与农村校外活动场所教师"手拉手"活动。到2017年，使所有校外活动场所负责人和骨干教师接受国家级培训或其他适合的培训。

（3）完善激励机制。制订完善校外教育管理人员和教师专业技术职称评聘及考核办法，形成合理的晋级机制。

## 7. 协同配合

为满足中小学生对校外活动的多样需求，教育部积极整合各类社会资源，大力推进相关部门之间的协同配合，积极促进部门联动、城乡互动。

（1）统筹社会资源。继续联合相关部委做好主题教育社会实践基地的建设、管理和使用工作，重点是做好现有主题教育社会实践基地的制度建设和活动开展指导工作。

（2）推动免费开放。配合相关部门认真落实博物馆、美术馆、展览馆、图书馆等国家公共文化服务设施免费开放政策,开发适应中小学生需要的活动项目。

(3) 服务农村儿童。开展"圆梦蒲公英—乡村学生看县城活动",组织农村中小学生到市县博物馆、美术馆、展览馆、图书馆、科技馆等公益性文化场所参观,开展"城乡学生手拉手"活动。指导农村中小学校、学生利用国家公共文化服务设施,如农家书屋、乡镇文化站(室)、科技活动站等资源开展校外、课外活动。

## 8. 建立评价体系,完善评价指标

为全面推进校外活动场所建设,推动校外教育内涵发展,教育部努力加强校外教育督导评估工作,指导各地逐步形成具有校外教育属性和特点的评价指标和评价体系,促进督导评估工作的科学化、制度化。

(1) 完善督导制度。研究制定《青少年校外活动场所公益性评估标准》和《校外教育机构评估标准》,把校外活动开展情况作为校外活动场所获得财政支持的重要依据,把校外教育的工作落实情况作为评价学校办学水平的重要内容。

(2) 探索多元评价。积极探索中小学生参加校外教育活动的多元评价方式,进一步完善评价指标和操作方案,作为学生综合素质评价的重要依据。

## 9. 重视宣传

为扩大校外教育的社会影响力,教育部将广泛开展校外教育宣传工作,帮助人们更新教育观念,推动校外教育深入发展。

(1) 开展专题报道。选择重大节点在主流媒体开设专栏、开展"蒲公英之花"系列专题报道,介绍校外教育的新成就、新进展。制作校外教育公益广告宣传片,聘请知名人士作为"蒲公英天使",使"蒲公英"标识深入人心,成为校外教育的象征。

(2) 加强网络推介。建立"蒲公英行动"活动门户网站、微博、微信等网络信息平台,及时发布各项活动动态。充分利用新浪、腾讯、优酷等网络媒体,制作发布校外教育微视频、微新闻,利用网络开展宣传报道。

(3) 创新宣传途径。结合青少年身心特点,推动在科技、文艺、体育等赛事中设置校外教育专题。支持开展青少年校外教育赛事活动。支持办好一份全国性校外教育刊物。

文章架构
一、新型城镇化必须是一个系统性的体系，而不应是模糊的概念
二、适应新型城镇化的新型职业教育
三、对加强高等职业教育的思考

主要观点
　　一是主张新型城镇化应划分为国城、省城、市城、县城、镇和中心村六个层级。二是认为培育新型职业农民是新型城镇化的关键。三是提出培育职业农民应包含农业工人、农技员、农技总监、职业经理和农企创业者五个层次。四是大力发展新型职业教育。

关　键　词
● 新型城镇化 ● 职业教育

# 新型城镇化与职业教育发展的思考

## 曹毓刚

男,西安灞桥人,1981年西北农大本科毕业,1988年中央党校培训部三年制研究生毕业。曾任公社乡镇领导、地委组织员、副县长、县长和两个县的县委书记二十多年,任杨凌职院党委书记十年。

从县委书记到高校党委书记，我曾是一名用 23 年推进城镇化的实践者，现在又是为新型城镇化服务的教育工作者。1982 年，我在汉中市宗营镇任公社管委会副主任及政社分设时首任镇长时，率先编制了汉中市镇乡建设的第一个规划。1988 年，在中央党校三年制研究生班的毕业论文就是《乡镇机构改革初探》。1994 年，在留坝县主持编制了县城建设规划。2000 年，在扶风主持编制了县城新区建设控制规划，并以 70 万元启动建设，目前投资总额达 30 亿元。2001 年苏陕干部交流时学习其经验，在扶风最早启动了中心村建设前期工作。这是谋求县域经济城乡一体化协调发展的新型城镇化的积极自觉的探索。

站在社会上看，新型城镇化是经济社会发展的必然阶段，是解决工农、城乡和社会主义初级阶段生产与需求三大矛盾的必然要求，新型城镇化需要教育尤其是职业教育来培育、培养、培训新型职业农民，以人的现代化支撑农业现代化，以农业现代化促进新型城镇化；站在教育看，城镇化是社会文明进步的产物，新型城镇化将为教育，特别为涉农职业教育发展提供方向和第一手研究资料。回顾学习与实践的经历，谈谈我的几点思考。

## 一、新型城镇化必须是一个系统性的体系，而不应是模糊的概念

对于新型城镇化必须有十分清晰的层次定位。至少应分为国城、省城、市城、县城、镇和中心村六个层次，依次形成一个科学合理的新型城镇化体系。国城是指直辖市、特大省会城市（计划单列市）等国际化大都市；省城是指除国城以外的省会城市；市、县城以现有行政区划为准；镇应当划分重点和非重点，不能一概而论，有的地区赶时髦，全部乡改镇，换汤不换药，很不科学；中心村应在区域半径科学选址上规划建设，最基础域中心城市，中心镇、村。新型城镇化建设既要有"城"，又要有"市""镇"，要强化经济活动的聚集和服务功能，弱化行政管理和干预功能，要因地制宜，因需建设。尤其要重视县城、重点镇及中心村的建设，从根本上统筹解决城乡"二元结构"，以至农业发展、农村稳定、农民致富的问题。

新型城镇化要合理利用资源，科学布局产业。居住向最佳宜居区发展，工业向园区集中，农业向最佳优生区集中。城市建设尽可能不占用良田而选非耕地，要尽最大努力做到占优补优或占劣补优，数量足够，占补平衡，确保 18 亿亩耕地红线不突破。首先保证粮食生产安全，保证中国碗中盛中国饭，中国饭要用中国粮，中国粮生产在中国的土地上，才能民稳、家富、国强。

政府要加大重点镇村建设的力度，着重解决好三通一平等公共基础设施，积极创造解决农村的取暖、卫生（热水澡、卫生厕所）等条件，改善农民生活，实现农村好于城市，小城镇好于大城市，吸引人到小城镇生活、就业和创业。要把握、处理好政府、市场和个人三方投入的关系，千万不能急功近利、拔苗助长。

新型职业农民的培育、培养是新型城镇化的关键。职业农民应包括：一是职业农业工人；二是职业农技员；三是职业农技总监；四是农业职业经理人；五是农业企业创业者（包括农业企业主、家庭农场主和农业专业合作组织代表人）。以生产经营粮食为主的家庭农场主，如一家按 4 人计，家

庭农场年收入平均30万元,人均收入应达到5万~6万元;职业农科技员,农业企业的技术总监、总农艺师等人均年收入应在10万~20万元;农业工人,其年收入应在5万元左右。达到这样的收入标准,才能保证引导培育出安心的职业化的新型农民;否则,要么不安心,要么不专业,要么不长久。没有新型职业农民,就没有农业的现代化和新型城镇化。

## 二、适应新型城镇化的新型职业教育

国家要制定政策、提供平台,发挥高职院校优势,在为促进农村劳动力转移、促进产业结构优化、促进就业质量提高、提升城镇化建设的品位、层次和承载力等方面发挥重要作用。

改变单一的学生教育职能,增加或转型服务新型职业农民培养、新市民素质提升培训、农村劳动力转移技能培训等职能,服务新型城镇化建设。新型城镇化进程要求农村劳动力转移到城镇,农民的市民化要求农民离开土地和农业,由农村进入城镇,从事非农产业,在城镇能够获得稳定的收入,实现劳动力由第一产业向第二、三产业转移。通过接受高等职业教育,提高新生代农民工的文化素质和职业能力,帮助他们找到稳定的工作从而增加其留在城市的可能性。

尽快出台政、行、企、校合作办职业教育的法律法规,应有政策导向和经济杠杆,明确政府、行业的职责,企业利益驱动,调动参与职业教育的积极性。如行业企业促进职业教育法;职业资格准入制度;职业院校毕业生薪酬制度;艰苦行业(农林地矿油)职业教育免学费、保就业等。基本方式是行业合作办学校、企业合作办专业;引企入校办学;合办共享实训基地(场、厂)。

建立适应新型城镇化科学合理的职业教育体系。实施12年或11年义务教育,高中后(17岁或18岁)分流,制定优惠政策(入学和就业)引导更多的学生首选职业教育。调整职业教育和普通教育的规模比例,前者应大于后者,才符合社会发展规律。建立职业培训教育学制年限与学历层次相适应的递进等级制。

## 三、对加强高等职业教育的思考

赋予涉农条件较好的国家示范高职部分优势专业举办本科职业教育,与地方本科转型应用本科两条腿走路,相互促进提高。

改变"职业院校学生减免学费"为"优秀毕业生保证就业",既促进职业院校招生,又保证招收的学生能学好、能教好、能用好。

提高职业院校教育质量。政策引导调动企业、行业和学校实行校企合作办学、工学结合教学的积极性;改革课程设置,改变应试教育不适应者最不喜欢的理论课程(普通英语、高等数学和化学等),开设以技能、实践培养为主的课程,实行应用原理、软件和情景教学方式;改变笔试等传统的考试方式为动手操作能力考察;建立教学质量第三方评价机制。

加强职业院校学生人文素质教育、创新创业教育。培养职业道德、职业精神、人文修养。创新精神和自信心比技术技能更重要,明确人文素质、创新创业教育的机构、内容、考核等。

建立紧密型专业教师企业挂职锻炼基地,鼓励企业工程技术人员和学校教师双向兼职挂职,鼓励聘用录用有企业和社会工作经历的往届高校毕业生,鼓励教师主持科研推广项目,加快双师型和双师结构的教师队伍建设。

建立行业指导、校企紧密合作办学机制。目前行业指导没有法定义务,缺乏政策和利益驱动,行业职业资格证书与毕业证书的契合度不高,相容性较差,行业对专业建设标准指导不够。明确高职院校继续教育职能,给予系统的工作机制。

加快职业教育专业、课程、师资队伍、实训条件标准体系和中、高、本合理衔接的课程体系建设。

**文章架构**

一、地市高职服务新型城镇化的现状——基于全国 585 所高职的调研

二、地市高职服务新型城镇化的鲜活经验——湖州职院的实践探索

三、职业教育适应新型城镇化的思考与建议

**主要观点**

新型城镇化是我国未来发展很长的一条主线。新型城镇化需要职业教育功能的发挥,服务新型城镇化也是职业教育发展的必由之路。我国有地市高职院校 585 所,占全国高职总数 46.21%。基于对地市高职区域分布、办学规模、专业结构、人才培养等基本情况的调查分析,地市高职院校为新型城镇化建设尤其是人才培养做出了不少贡献,但服务城镇化尚未达成共识。由此,从国家层面构建职教体系引领服务新型城镇化发展,地方层面突出职教地位统筹服务新型城镇化发展,学校层面实施战略转型提升服务新型城镇化水平。

**关 键 词**

● 新型城镇化 ● 职教体系 ● 人才培养 ● 职教地位

# 大力提升高职教育水平全面服务新型城镇化建设

## 金 雁

女,湖州职业技术学院副院长,教授。1993年毕业于浙江师范大学政教系;著有《大学生成长经历和高校人文教育变革》(2007)、《和谐德育论》(2008)、《高职教育的文化支点:互动与融合的校企文化》(2009)、《高职人文教育的现实困境与路径重构》(2012)等;荣获浙江省教学名师、浙江省哲学社会科学优秀成果奖等。

大力提升高职教育水平,全面服务新型城镇化建设,主要定位在地市高等职业教育。

地市高等职业院校主要是指设置在除直辖市、省会城市和计划单列市以外的地级市及以下地区的高等职业院校,大多由地方政府主办,主要面向地方政府所属区域招生,人才培养定位以服务所属区域为主,社会服务突出地方特色,与区域城镇化建设和地方产业发展有着天然的融合优势。它在服务新型城镇化中呈现三个显著特征:一是在服务新型城镇化城乡一体化协调发展中所具有的先天地域优势;二是它对新型职业农民与现代化农业技术人才培养的优势;三是对农村转移人口的劳动力素质和技能水平提升方面所具有的优势。这些都充分体现了服务以人为核心的新型城镇化。

# 一、地市高职服务新型城镇化的现状——基于全国 585 所高职的调研

依托于 2013 年 5 月学校与教育部教育发展研究中心签约成立的地市高等职业教育研究中心,我们用半年多时间对全国地市高职院校服务新型城镇化的现状进行了调查和分析,调查的结果在 2013 年 12 月由国家教育发展研究中心、《中国教育报》、湖州职业技术学院三家联合主办的首届"地市高职院校服务新型城镇化论坛"作主题发言;12 月 24 日《中国教育报》全文刊发主报告内容,引起职业教育界的关注;2014 年 1 月 7 日国务院参事室一行 7 人到湖州,对地市高职服务新型城镇化的典型做法进行专题调研。

**1. 地市高职院校基本概况**

2013 年,我国具有招生资格的 1 266 所高职院校中,地市高职有 585 所,占 46.21%。

从院校的区域分布看,这类院校区域分布广泛,但分布不十分平衡,主要分布在华东、华中、华北、华南、东北等经济较发达地区,布局与区域城镇化发展水平基本一致。江苏、山东省的地市高职院校数量位于前二位,江苏省的苏州、无锡等地区,几乎每个县(市)都有高职院校,促进二、三、四线城市城镇化的有效发展。而中西部地区地市高职院校较少,个别地区还没有高职院校。从院校类型分析,地市高职以综合类为主体占 42%,其他还有工科类、财经类、农林类、医药卫生类等等。从办学规模看,2012 年,地市高职全日制在校生已达 435 万人,占全部高职学生数近一半,在校生最多的学校已超过 2 万人,在校生 0.5 万~1 万的院校占比最高。从专业布局分析,地市高职的专业点有 15 529 个,平均布点 26.54 个/校,专业布点与地方产业发展基本匹配。地市高职良好的发展态势,为推进新型城镇化建设提供了良好的人才发展空间(专业布点前三位的是制造大类、财经大类、电子信息大类;央财支持专业布点前三位的是制造大类、医药卫生大类、文化教育大类)。

与传统城镇化不同,新型城镇化体现为以县域城镇为主要载体的城乡一体化协调发展。地市高职位于地级市及以下地区,其服务新型城镇化的优势主要体现在具有先天的区位优势、人力资

源培训提升和基础人才供给等领域的高匹配性,在高素质技能人才供给、农村剩余劳动力人口转移、新型职业农民培养、新市民素质提升等方面都承担重要使命,很大程度上可实现与普通高校服务新型城镇化不同的错位服务,或者与之形成互补关系。在各类型地市高职办学的实践中,如工科类、农林类、综合类地市高职,服务新型城镇化的这些特点和优势都十分突出。

## 2. 地市高职院校对城镇化建设的贡献

在服务新型城镇化建设中,地市高职院校始终坚持政校企合作,融入地方产业,服务区域人才培养,充分挖掘职教资源,创新办学模式。各类型地市在服务新型城镇化的办学实践中,这些特点和优势都十分明显。

(1) 工科类高职院校服务新型工业化突出区域产业特点

据调查,我国以工科为主的地市高职院校达 170 所,占比 29%。这类学校注重对接当地区域产业,强调专业对接行业企业,积极围绕区域产业设置和调整专业,服务区域产业的发展,通过服务工业化推动城镇化。如苏州工业园区职业技术学院围绕苏州工业园区外资企业的发展,设置电子工程、机电工程、精密工程等 8 大系,开设电子产品质量检测、数控技术等 20 多个工科专业,为产业园区培养高技能人才,毕业生 80% 进入外资企业就业。十堰职业技术学院(现更名为湖北工业职业技术学院)面向亚洲第一、世界前三的商用车生产基地——车城十堰,依托雄厚的产业背景,沿着工业文化的足迹,在专业设置上与先进制造业和现代服务业同频共振,形成以制造类专业为主、服务类专业为辅协调发展的专业体系,开设有汽车制造与装配技术、机械设计与制造、模具设计与制造等 38 个专业,服务汽车制造工业。浙江省的湖州、绍兴等地市,都由政府投资在高职院校建立公共实训平台,为当地培养高素质的职业技能人才。

(2) 农林类高职院校服务农业现代化彰显人才培养特色

调查显示,在地市高职院校中农林类院校共有 21 所,开设农林牧渔专业的学校有 166 所,专业点总数 543 个,占专业点总数的 3.5%。调查表明,这些院校历史悠久,多有几十年中职农业学校背景,院校布局以地市为主,处于农业大省或农业产业园区。如黑龙江省高职教育围绕农业大省发展和国家粮仓建设的需要,全省 7 所国家级示范(骨干)院校中,有 4 所农林类院校,其中 3 所位于地级城市,为当地培养了一批农业大户。地处关中平原、农业硅谷、全国唯一的国家级杨凌农业高新技术产业示范区的杨凌职业技术学院,以及位于江苏泰州市的江苏农牧科技职业技术学院都紧扣农牧产业设置专业,为农业现代化人才培养和科技研发提供服务。安徽省加大农民教育投入,近五年来省级财政年投入 1.33 亿元,居全国第一位,受训农民人均享受约 450 元的培训补助标准。

(3) 综合类高职院校服务新型城镇化建设适应区域经济发展

我国有综合类地市高职 246 所,占比 42%。综合性地市高职院校立足地方经济发展,突出专业设置、人才培养、服务面向的综合性,打通职前、职后、培养、培训的界限,形成上联下通的办学模式,在城镇化的进程中多方位服务经济社会发展。如金华职业技术学院是我国最大地市高职院校之一,开设了农、工、商、医、师范等79个专业,2013年全日制在校高职学生达到2.4万人,年培训各类技术技能人才4万余人。宿州职业技术学院建立了部级现代农业技术基地,成为全省仅有的两个同类型基地之一。许多地市高职按照美国社区学院模式成立了开发区产学研发展学院,开展成人高职试点、职工培训班、劳动力继续教育。大部分地市高职开展中高职一体化人才培养,形成中职与普通高职,中职与高职成人自考衔接等多种模式。

## 二、地市高职院校服务新型城镇化的鲜活经验——湖州职院的实践探索

湖州职业技术学院位于长三角腹地的地级城市湖州,与上海、杭州、南京等特大城市接壤,具有城镇化建设显著的区位优势。多年来,学校着力于打造高职院校的地方性品牌,在服务区域新型城镇化的进程中探索并形成融高职教育、开放教育、农民教育、社区教育"四位一体"的办学格局。

**1. 三层对接,做强高职教育,服务新型城镇化高技能人才培养**

针对地市高职办学特点和存在的普遍问题,学校从顶层设计到具体实践进行系统构建。2008年,在全国首次提出并实施"三层对接、五要素融入"的地市高职院校育人质量提升工程。经过系统推进并不断深化,成为地市高职培养高技能人才的范例,2010年被中国教育报评选为"年度中国职业教育十大典型案例"。

"三层对接、五要素融入"是指"学校对接地方产业、专业对接行业企业、师生对接职业岗位",加强学校宏观层面与地方产业发展结合的体制机制建设,促进中观层面的专业建设和校企合作,推动微观层面课程建设与改革的深入,实现"产业、行业、企业、职业和实践"五要素在人才培养过程中的融入。

第一层学校对接区域产业。根据学校专业设置与地方产业发展的特点,我们成立了由学校和市发改委共同牵头,市经信委、市农业局等政府部门和行业协会参与的现代农业、机电制造、商贸流通等八大产业合作委员会,聘请40多位政府部门和行业协会负责人作为委员会成员。通过确定委员会五大基本任务,定期召开校地合作推进会、建立年度项目工作制,合作开展产业发展重大项目研究等,有效推动了校地互动促进产业合作发展。

学校还根据地方产业发展不断调整、优化专业结构布局,围绕新型工业化重点建设机电制造等六大专业群,建立服务区域内农业现代化发展的涉农专业群,重点培育汽车服务等三大专业群,形成与区域"四化同步"发展的"613"专业群格局。

第二层专业对接行业企业,产教融合提升专业服务能力。我们主要通过建立学校专业带头人到行业协会挂职机制,制订专业服务产业发展建设规划,实施企业专家和学校专业带头人人才培

养方案会签制度,多元投入与行业企业共建专业实训基地,多样化设计人才培养模式等,为地方培养了一批急需的高技能人才。

第三层师生对接职业岗位。教师多种形式的岗位实践,学生多种形式的工学结合,也使我校的人才培养质量得到社会认可。据浙江省教育评估院对全省高职2011届(2014年毕业)毕业生职业发展状况及人才培养质量调查报告显示,我校毕业生对母校综合满意度排名第一,用人单位对我校毕业生满意度排名全省高职之一。

## 2. 面向三农,做特农民教育,服务农业现代化新型职业农民培养

在市委市府的大力支持下,2008年学校引进浙江大学优质资源,在地市高职中首创了政府主管、学校主办、县区联办"三方合作"的农民学院,全面开展新型职业农民的学历教育、技能培训和创业实践,以"学历+技能+创业"为特色,涵盖专科、本科、农推硕士三级培养体系。目前在校农民大学生达到1 618人,年培训新型职业农民5 000余人次。农民学院的工作得到农业部相关领导、中国社会科学院农村发展研究所专家的高度评价,国内主流媒体包括《人民日报》《光明日报》、新华网等100余次报道了农民学院的创新实践,在全国产生了广泛的影响。

在服务新型城镇化中,农民学院开创了新型职业农民培养的三大特色:一是首创"三方合作"的办学模式,建立农民学院管委会,解决办学中的重大问题。二是人才培养模式创新,构建学历课程、技能课程、创业课程三位一体的课程体系,培养"学历+技能+创业"的本土化农民大学生。三是农民教育教学新体系创新。根据地方农业特色产业设专业,按照农村企业的产品、技术和创业要求,开展教育教学建设;对接农村合作社,建立教师与基地结对制度,为农民增收提供实实在在的服务。

农民学院解决了新型职业农民培养中的三大问题,包括农民教育的功能定位问题、新型职业农民培养平台的问题、新型职业农民培养多元需求的问题。

## 3. 县校合作,镇校合作,创新功能平台,服务新型城镇化新市民技能素质提升

学校先后与湖州市下属的长兴县、吴兴区等签订全面合作协议,"县校合作"、"镇校合作"主要着力于四大平台的搭建:

(1) 开放学习平台。发挥高职与成人教育合署共建的优势,将高职教育资源融入开放教育。针对城镇化建设中农村劳动力转移的技术技能新要求,全面开展以开放教育为核心的新市民学历提升、技能提高的人才培养。近几年开放教育在校生规模一直稳定在4 000人以上,学校已成为湖州市开放教育的龙头。在构建终身教育体系、学习型社会中发挥更重要的作用。

(2) 技能训练平台。在市政府支持下,投入1.1亿元建成湖州市公共实训中心,逐步形成区域性职教服务、技能训练平台。建立具有独立法人资格的"湖州高新职业技能培训中心",与县区

政府、乡镇、企业等 200 余家单位建立合作关系,面向地方开展各类职业技能和农村转移劳动力培训,目前年培训量达到 1.2 万人次。

(3)社区合作平台。2008 年成立湖州社区大学,带动了湖州下属三个县成立了社区学院,建立 506 个社区教育工作站或分校,惠及民生,做活社区教育,开设一系列公益性社区项目,开发了 100 讲公益大讲堂课程菜单,开发、实施面向城市居民和外来务工人员的公益培训平台,受益人数达到数万人。

(4)技术服务平台。2013 年学校与浙大签约共建现代农业示范区,以 300 亩(20 公顷)为核心的基地建设,涵盖果蔬栽培、水产养殖、农业科普等几大功能。学校成立了 11 个与地方产业紧密结合的研发中心,开展"立地式"研发和技术合作服务,完成了产业规划制定、技术创新项目 300 余项,组织了科技特派员下企业、下乡镇,43 位教师直接参与百家企业助推"一对一"工程等,帮助解决企业发展中遇到的技术和管理难题,服务产业转型提升。

地市高职教育服务县域经济社会的"县校合作""镇校合作"发展,是城镇化进程中从"校企点对点"的服务输出,到"专产面对面"的服务能力提升,再到"县校、镇校体对体"的协同机制创新、推动城乡一体化发展的思想理念转变和实践体现。

## 三、职业教育适应新型城镇化的思考与建议

**1. 思考**

(1)国家层面:构建职教体系适应新型城镇化发展

国际职业教育经验和我国城镇化的特点与需求,决定了职业教育在推动城镇化中的特殊作用。新型城镇化对应用型人才的多样化、多层次需求,要求国家尽快出台职业教育体系建设规划,更加明确中职、高职、应用型本科的人才培养,科学规划城镇化建设中人口素质提高、产业层次提升、城市管理、新农村建设等方面的人才培养,明确不同层次职业教育在城镇化建设中人才培养的定位。同时,职业教育更要考虑如何与其他教育错位发展,突出职教特色,探索应用型本科教育在城镇化建设中的功能和作用,特别关注西部地区职业教育服务城镇化的发展,全面提高城镇化的质量和水平。

(2)学校层面:明确办学定位适应新型城镇化发展

新型城镇化的显著特点是都市区、区域中心城市、县城和中心镇的城镇化,职业院校要抢抓城镇化发展的机遇,探索如何着眼于办学模式的创新,按照不同类别职业院校的服务面向,创新服务新型城镇化的体制机制,实现市校、县校、镇校合作互动。各种类型的职业院校要根据学校所处区域城镇化的发展目标,如城镇化的人口发展目标、产业发展规划的人才需求、农村人口进入城市规模和从事职业的相关技术要求等,明确学校的办学服务面向定位,找准人才培养的对象。在专业定位上要面向服务区域特色产业发展,坚持城乡统筹,形成以城带乡、以乡促城、城乡互促共进的

发展格局，找准专业人才培养的定位。地市职业院校要更新发展理念，从区域中心城市、县城和中心镇的城镇化入手，拓宽办学发展空间，分析区域特色产业发展，了解人才的结构，构建适应城镇化建设的高素质技能型人才培养平台。

(3) 社会层面：统筹职教成教适应新型城镇化发展

城镇化建设具有人才需求多样性的特点，凸显了教育的多样性。诸如农村人口进入城市务工的技术技能教育问题，农民工的学历提升和技能培训等再教育；大批农村人口进入城市，留守农村从事现代农业成为"有知识、懂技术、会管理"的新型职业农民，需要接受再教育；每年将有数千万的农业转移人口市民化，享受现代文明带来的美好生活，而新市民的素质提升教育也将是突出的问题等等。各级政府部门要统筹城镇化建设的人才培养，加大人才培养经费投入，充分发挥社会各类教育的作用，特别是职业与成人教育更需要统筹发展。职业院校要以师资、设备等教育资源的优势，开展合作办学、联合办学等，带动县、镇成人学校的发展。

## 2. 建议

(1) 进一步提升职业教育地位，把职业教育看成新型城镇化进程中不可或缺的一部分

发展职业教育和培训具有基础性、先导性和全局性的重要作用。《中共中央关于全面深化改革若干重大问题的决定》(以下简称《决定》)中明确指出："加快现代职业教育体系建设，深化产教融合、校企合作，培养高素质劳动者和技能型人才。"《决定》还要求"坚持走中国特色新型城镇化道路，推进以人为核心的城镇化，推动大中小城市和小城镇协调发展、产业和城镇融合发展，促进城镇化和新农村建设协调推进"。建议各级政府按照《决定》中的要求，积极引导社会舆论，破除对职业教育的歧视，高度重视职业教育在新型城镇化进程中的基础性作用，做到同规划、同部署、同落实、同考核，尽快出台《职业教育服务新型城镇化的若干意见》等相关政策和文件。

(2) 注重接地气，由国家设立专项资金支持与基层结合最紧密的地市级高职院校，发挥主力军作用

在新型城镇化的推进过程中，以县域城镇为主要载体的城乡一体化协调发展将成为重中之重。地市级高职院校位于地级市和以下地区，是我国改革开放以来形成的重要职业教育资源，在服务新型城镇化方面有先天的区位优势，在人力资源培训提升和基础人才供给等领域具有高匹配性，在高素质技能人才培养、农村劳动力人口转移、新型职业农民培养、新生代市民的素质提升等方面都可以承担重要使命。建议国家设立鼓励地市级职业院校发展专项资金，用于农业现代化高素质技能人才培养、职业教育师资队伍建设、结合区域经济发展的专业体系建设与提升、新市民的素质技能培训、中西部互助培养人才等，并出台相关政策拉动地方和企业各配套资金投入的政策。

(3) 设立职业教育服务新型城镇化改革实验区

中央农村工作会议明确提出："到 2020 年，要解决约 1 亿进城常住的农业转移人口落户城镇、

约1亿人口的城镇棚户区和城中村改造、约1亿人口在中西部地区的城镇化,推动新型城镇化与农业现代化相辅相成,突出特色推进新农村建设,努力让广大农民群众过上更好的日子。"实现上述目标,在必须大力发展职业教育的同时,也必须更加注重对职业教育的改革探索。目前,我国已有一批国家示范(骨干)高职院校建设项目,但这些项目主要是集中在校企合作办学、人才培养模式创新等方面。在地市级高职院校服务新型城镇化建设方面,尚需进一步摸索经验。建议设立职业教育服务新型城镇化改革实验区,深入探索职业教育、特别是地市级职业教育如何更好服务新型城镇化建设,进而总结出地市级职业院校服务新型城镇化的成熟经验并在全国范围内加以推广。

**文章架构**

一、借鉴国内外先进经验,大胆探索创新高校的农业技术推广模式
二、以大学为依托,以基层农技力量为骨干的农业科技推广新模式
三、构建高校推动区域现代农业发展的体制机制

**主要观点**

我国农业推广体系存在两大弊端,一是推广体系与科研体系分割,推广体系缺乏技术源头;二是农技推广存在"最后一公里"的问题。西北农林科技大学在实践中,探索形成了"政府推动下,以大学为依托,以基层农技力量为骨干的农业科技推广新模式",其核心是在主导产业核心地带,建立永久性的产业试验示范站,其关键是构建高校推动区域现代农业发展新的体制和机制。

**关 键 词**

● 农业推广体系 ● 高校 ● 现代农业 ● 试验示范站 ● 新体制机制

# 高校推动现代农业与城镇化发展

## 韩明玉

男,博士,西北农林科技大学教授,博士生导师,国家苹果产业技术体系首席科学家,农业部黄土高原苹果发育生物学与矮砧集约栽培模式创新团队负责人。主要从事果树种质资源与遗传育种和果树栽培生理等研究。育成果树新品种17个,获得国家科技进步二等奖1项,省部科技进步一等奖2项、二等奖2项、三等奖3项,发表学术论文150多篇,出版著作8部,培养研究生50多名。

西北农林科技大学正在探索高校推动现代农业与城镇化发展，这里从三个方面介绍：一是我国农业科技推广体系的现状与问题；二是西北农林科技大学探索的高校科技推广新模式的实践；三是构建高校推动区域现代农业发展的体制与机制。

## 一、借鉴国内外先进经验，大胆探索创新高校的农业技术推广模式

### 1. 我国农业科技推广体系的现状与问题

"三农"发展的方向是现代化新农业、城镇化新农村和职业化的新农民。产业发展是城镇化发展的基础，现代农业产业发展关键要靠科学技术，我们国家的高校和科研单位形成大量的农业科研成果，但转化率低、应用率不高，这与我国农业教育、农业科研、农业推广三者分离的体制有关。我国实行的是农业教育、农业科研、农业推广分离的三个体系，而美国是一体化，况且都在高校。我国至今还没有建立起高效运转农业技术推广体系，高校和科研单位形成的成果没有很好的应用。我国农业推广体系实行的是政府主导的一元化五级推广体系，以隶属国家、省、市、县、乡各级农业行政部门的农业推广机构为主体，呈现垂直层级结构。当然从2012—2013年开始，新的农业推广法提出了一主多元的推广体系，以国家推广体系为主体，建立多元化的推广体系，把高校、科研单位、涉农企业定为农业科技推广的重要力量。

我国农业推广体系是计划经济时期形成的，实行上下垂直领导，具有行政推动力强，动作快，力度大等优点，曾为我国的农业发展起到重要的促进作用。比如20世纪五六十年代的化肥农药、新型农业机械，七八十年代大规模农作物新品种、地膜覆盖，等等，都对农业增产发挥了巨大作用，基本保障了国计民生的需要。但是随着市场经济的发展，这种推广体系的弊端逐渐显现出来了。

一是农林高校、科研单位与政府推广机构分离，使农业科教系统取得的新成果、新技术无法迅速得到认可和示范推广。实际上农业科技推广没有技术源头。

二是农业推广行政化布局，与农业生产的自然区域性特征不吻合，产业布局和行政区域布局是不一样的。

三是政府推广体系同一层面条块分割，机构臃肿。一个省推广体系有园艺站、土肥站、植保站等，现代农业产业需要多学科联合，全产业链服务，但是现在每个站是相对独立的，体系条块分割，机构臃肿。美国专家说你这是一片一片，不是一个整体的。

农业推广机构百万人，年经费2 000亿元，人头经费180亿元，形成有钱养兵，无钱打仗的局面。人很多，但是效率很低，农业成果转化率和发达国家差一半，农业科技贡献率差距也很大。

总体来说，我们国家农业推广体系有两大弊端，首先是技术源头，推广体系推广技术不是他的，与科研单位高校形成技术是分割的；其次在市场经济下，农技推广存在"最后一公里"的问题。

基于上述动因，西北农林科技大学在国家部委和各级地方政府的支持下，借鉴美国农业推广体系及经验，从2005年开始探索以大学为依托的农业科技推广系统。

**2. 西北农林科技大学探索高校科技推广新模式的实践**

我们的基本思路是：过去大学也搞科技推广，也搞社会服务，每个大学也都在搞，但是过去的社会服务是自发的、分散的、被动式的推广服务。比如我有一个科研项目，形成了新品种、新技术，课题组为了完成这个任务推广一下，项目一结束就完了。因此要探索建立有组织的、有规模的、主动的推广体系，建立稳定推广平台，并有制度化和常态化制度保障。高校具有三大功能——教学、科研和社会服务，但是校长、书记真正抓的还是教学科研和学科建设。社会服务就是随着教学成果、科研成果推广的过程，是自发的、分散式的，现在要探索一种常态化、制度化、有组织、有规模的服务体系，形成有制度保障的高校必须搞社会服务。同时高校要定好位，要明确科技推广在国家推广体系中的地位和在高校内部学科发展中的作用。高校主要搞教学科研，但是社会服务和对学科建设的作用是什么，对教学科研作用是什么，也要明确，也要定好位。这是我们的基本思路。

我们有四个理念：首先要打破农业行政区划，依托学校人才优势，以区域主导产业为服务对象。过去国家推广体系是区域化的，我们是打破区域按主导产业划分。我们提出目标是种植业100万亩，养殖业100万头，首先按产业做，不是按区域做。其次在产业中心地带建立产学研三位一体永久性试验示范站为服务平台。你在北方研究不了南方的产业，所以就得在产业中心地带去建立一个平台。第三组织多学科的专家开展全产业链科学研究、技术示范、人才培养和信息服务为服务模式。现代农业是全产业链的服务，高校有多学科的专家。第四要培育科技示范户、合作社、龙头企业，引领加速农业新成果、新技术进村入户，解决好"最后一公里"的问题。

## 二、以大学为依托，以基层农技力量为骨干的农业科技推广新模式

我们采用政府推动下，以大学为依托，以基层农技力量为骨干的农业科技推广新模式，主要做法有以下四种：

一是在陕西等西北地区以10年时间建立了23个试验示范站和40个示范基地。同时在黄淮麦区建立30个小麦、油菜新品种展示园，粮油作物关键是品种，而经济作物核心是技术，每天要服务，作物类型不一样，服务的模式不一样。

二是建立多层次培训体系，为区域农业发展培育领军人才，在学校、试验站进行不同层级、不同类型的培训。

三是快捷的信息服务，建立各种网络系统进行服务。

四是从学校内部体制机制上以激励大家搞推广，设立推广教授，鼓励大家到点上去，正高职称者在点上待一天补助180元津贴；每年有500万元推广专项，全校多学科专家均可以申请。出台的一系列激励政策激励大家到点上去从事推广工作。学校200多名多学科专家长期驻站工作，推广了350余项技术，同时教学、科研也在这些试验站进行，累计增加效益300多亿元。

西北农林科技大学白水苹果试验站，一个县做了9年，苹果产业从6亿元产值现在增加到30

亿元产值。猕猴桃试验站建立了 8 个示范村，特别有一个第二坡村，450 余户农民在我校专家指导下 90% 土地种上猕猴桃，去年收入达 10 万元的家庭占到 70% 以上，家家都有电视机、电冰箱、洗衣机、摩托车，50% 农户有电脑，全村有小轿车 106 辆。我们建立的这些试验站，村民很满意，地方政府很满意，地方政府免费给我们划了 1 600 亩（106.7 公顷）土地，赠送了 13 部车，基础设施资金 5 000 多万元，每年提供推广经费 700 万元。

西北农林科技大学推广模式的基本构架：以构建大学内部科研科技推广体制和机制为先导，围绕区域主导产业；在政府推动下，以基层农技力量为骨干，依托学校优势学科，建立产学研紧密结合的试验站；同时以科技培训和远程可视服务为支撑，通过有组织、有计划、专业性、系统性、集成性的服务模式，实现有效协作和互利共赢。

构架由三个方面组成：一是大学本部产业基础研究平台，主要从事产业基础研究和应用基础研究；二是产业区域试验站，主要从事产业应用基础和应用研究；第三各类分布式推广示范基地、示范点、专家大院等。同时作为这个模式的支撑，包括网络服务平台和培训体系。

这个模式的特点有：

第一，以主导产业为主线，具有纵向跨区域的特征。以大学为依托的推广重点抓的是对农村地方经济具有显著带动、引领和影响的农业主导产业。向产业纵深发展，利用大学多学科的优势，从主导产业各个环节，到全产业链进行服务，同时跨区域服务模式，解决产业的瓶颈问题。

第二，国家农业科技推广体系的补充和完善。大学和国家推广体系相比是点与面的关系，国家体系是面面俱到的政府行为，我们是抓重点，有所为有所不为。

第三，技术创新源与技术推广主体紧密结合，使大学的科研成果转化和技术入户更加的简捷。同时，以大学为依托的农业科技推广是大学获取第一手农业生产实践经验的窗口，通过这个窗口，大学架起了问需于农民、问需于农业、问需于基层的直通道，大学的研究问题更符合农民、农村和农业的需要。

第四，有平台、有载体保障的常态化科技推广模式。这个体系建立起来以后，过去分散、被动式、零散的推广变成常态化的、永久性的推广体系。

第五，按照产业类型特点构建，各个产业类型不同，服务方式也不同。

## 三、构建高校推动区域现代农业发展的体制机制

2012 年，教育部和科技部决定逐步构建以高等学校为依托，与农科教相结合的新型农村服务新模式，为新农村和城镇化建设提供支撑。两部委联合开展高等院校新农村发展研究院建设计划，首批启动 10 个涉农高校，2014 年又启动了 29 所高校，包括北京大学和清华大学，高校要成立新农村发展研究院作为服务社会、服务农村的平台。

这个建设计划的目标是，紧紧围绕区域新农村建设的综合要求，通过建设一批新农村发展研究院，推动高校管理改革和机制体制的创新，建立基于农村多种形式的服务经济和跨学校的信息

化网络服务平台，促进资源共享和政产学研的紧密结合，形成多元开放、综合高效的运行机制和服务模式，成为带动和引领区域新农村发展、建设与发展的重要力量。

建设计划的重点任务有三个方面，第一，建立新农村服务基地、综合服务基地、特色产业基地和分布式服务站，就像我们建立的各类试验站，建立产业服务站。第二，开展新农村建设的宏观战略研究，学校新农村发展研究院成立了五个研究中心。第三，创新体制机制，高校内部社会服务的体制机制和高校与校企等等之间的服务。

处理好两个关系，一是处理好高校服务社会与国家推广体系的关系；二是处理好高校内部与学校学科建设的关系。新农村发展研究院定位是服务机构，还是职能部门；与学校科研、教学等职能部门的关系，是实体还是虚体机构等等，也是一个探索的过程。不久前，教育部和科技部联合讨论定位问题，虽然现在启动了39所高等院校，但是内部定位到底是什么，与外部定位到底是什么关系，需要进一步探讨。

文章架构
一、专家把脉：教育为城镇化提供人才支持
二、经验探索：将教育与城镇化特色结合
三、政府担当：推行教育改革与人才培养

主要观点

推进以人为核心的新型城镇化关键在教育。教育对城镇化的重要性，表现在基础和支撑作用，对市民素质的培养和提升作用以及引领作用。城镇化必须考虑与教育息息相关的两个问题：一是二元劳工市场；二是蓝领中产阶级。为此，教育要培养创新型人才，通过开放合作，特别是跟发达国家合作办学来提升大学的科研和教学水平，重视素质教育，并重视职业教育。教育与城镇化特色结合，是新型城镇化建设的重要经验，而高校科技推广也关系其进程。政府，担当推行教育改革与人才培养重任，需要开放融合，建立高等教育分类体系，并对高等教育结构调整采取存量优化和增量提质的方针。同时，通过建立国家资格制度促进全民终身学习，是新型城镇化的客观要求。

关键词
● 新型城镇化 ● 教育 ● 市民素质 ● 开放合作 ● 职业教育
● 存量优化 ● 增量提质 ● 国家资格制度 ● 终身学习

# 教育：推动城镇化最重要的动力

## 黄金鲁克

男，中国教育报编辑、记者。2011年毕业于北京外国语大学外交学专业；作品有《合实力：我们中国自己的话语》(2013)、《教育：推动城镇化最重要的动力》(2014)、《留学三问，破解"早留鸟"之困》(2015)；荣获中国产经新闻三等奖等。

"城镇化是现代化的必由之路,而推进以人为核心的新型城镇化关键在教育。"2014年5月16日,中国教育发展战略学会会长郝克明研究员在"新型城镇化的教育战略与人才培养研究"课题第二次学术研讨会上如此表示。

## 一、专家把脉:教育为城镇化提供人才支持

郝克明会长指出,教育是推动城镇化最重要的动力,教育对城镇化的重要性表现在三个方面:第一,基础和支撑作用。教育是人力资源开发的基础,教育优先发展,将为城镇化的发展提供强有力的人才支持。第二,对市民素质的培养和提升作用。教育对进入城镇的农村居民实现市民化,提高市民的素质,培养具有良好道德修养和科学文化素养的合格市民,对促进城镇文明和谐起到积极的推动作用。第三,引领作用。城镇化意味着现代文明的引入,许多农民进城镇落户或者居住是为了子女接受良好的教育,和通过各种培训学习工作和生活的新技能、新本领促进自身素质的提高。"城镇化过程是重新配置资源的过程,重新配置资源以后效率将大大提升,而走符合中国国情的城镇化道路,主要面临二元体制改革和户口改革等方面的问题"。作为课题的主办方之一,著名经济学家、中国国际经济交流中心执行副理事长厉以宁教授在论坛上强调,老城区加新城区加新社区,三个部分组成符合中国国情的就地城镇化。同时,将来谁种田,这是城镇化中的新问题,而农业技术学校来肩负家庭农场主资格培训的重任。

厉以宁教授特别指出,城镇化必须考虑与教育息息相关的两个问题,一是二元劳工市场,二是蓝领中产阶级。新型城镇化中,没有在职培训,没有大力发展职业技术教育,二元劳工市场将长期存在。而蓝领中产阶级的成长对农民来说,特别是对低收入家庭来说意味着希望,因此一定要培养适合中国国情的蓝领中产阶级。

那么,教育如何适应新型城镇化进程的需要?中国国际经济交流中心常务副理事长郑新立先生建议,第一,教育要培养创新型人才,通过开放合作,特别是跟发达国家合作办学来提升大学的科研和教学水平;第二,重视素质教育;第三,重视职业教育。"其中,职业教育是我们现在的弱项"。郑新立特别强调,市场导向会逼着我们重视职业教育。

"目前,地市级高职院校占据了中国高等职业教育的半壁江山,并在服务新型城镇化过程中有着自己的独特优势"。湖州职业技术学院副院长金雁也表示,特别是在人力资源培训提升和供给方面有高匹配性,能够实现普通高校在服务新型城镇化方面的错位服务形成良性的互补关系。因此,可以考虑设立职业教育服务新型城镇化改革试验区。

## 二、经验探索:将教育与城镇化特色结合

"区域新型城镇化与教育发展"是课题组深入贯彻落实党的"十八大"和中央十八届三中全会以及国家城镇化工作会议的精神的重要落脚点。2013年4月,中国教育发展战略学会和中国国

际经济交流中心联合开展国家城镇化教育战略与人才培养课题研究。一段时间以来,课题组详细制定了研究计划和方案,并赴江苏苏州市、陕西杨凌农科城和四川成都市等地进行了实地考察和调研,并获得了宝贵的经验探索。

据了解,成都大学与成都教育局共建了成都市统筹城乡教育发展研究中心。成都大学副校长柯玲表示,针对城乡发展规划一体化,成都采用的方式是统一区域中小学发展计划和布局规划,保证基础教育供给地与需求地相一致,并组建区域间教育行政机构联盟。同时,成都致力于办学条件一体化、教育经费城乡一体化、教师队伍城乡一体化、教育质量城乡一体化和教育评估标准一体化等。

高校科技推广也关系着新型城镇化建设进程。西北农林科技大学科技推广处处长韩明玉教授表示,该校探索出以构建大学科技推广机制(例如在全国农科院校中率先设立推广教授职称等)为先导,围绕区域主导产业,在政府推动下以基层农技力量为骨干,依托学校优势学科,建立产学研紧密结合的实验站,同时以科技培训和远程可视为支持,通过有组织、有计划、专业性、系统性、继承性的服务模式,实现有效协作和互利共赢。

作为城镇化超过70%的地区,苏州市教育局副局长周春良结合苏州经验表示,教育确实能够引领城乡一体化的发展。因此,要推进教育体制和制度的改革,破除城乡一体的障碍,解决户籍人口和外来人口之间公共教育的均等同步问题,同时加强农民教育培训,并大力发展继续教育。

因国际学生能力评估测试(PISA)独占鳌头而成为全球教育关注焦点的上海,始终将教育与其城镇化特色结合,因地制宜。上海市教委副主任尹后庆强调,上海在城乡一体化过程中间主要是缩小教育质量和学校文化建设过程中的差距,并考虑到城乡一体化过程中大量外来人口的涌入等问题。

## 三、政府担当:推行教育改革与人才培养

教育部已经在行动。近日,教育部表示,国内1 200所普通高等院校中,将有600多所转向职业教育,转型所占比率达到50%。在此背景下,中国高等教育如何改革?教育部发展规划司副司长陈锋认为,首先,要开放融合,不管是研究型大学还是应用技术大学都要融合;其次,建立高等教育分类体系,要根据经济社会发展战略需求和人类多样化秉性进行分类;最后,对高等教育结构调整采取存量优化和增量提质的方针。

当然,通过建立国家资格制度,促进全民终身学习,这是新型城镇化的客观要求。教育部职业技术教育中心研究所所长杨进展望未来,第一,应该宣传非正规和无一定形式学习的重要性;第二,对缺少正规教育机会的社会不利人群给予更多关注;第三,建立国家学历学位和资格证书全面融通的框架,包括学历学位和资格证书体系全面融通整体的国家资格框架;第四,加强对学习成果认可过程、标准、考核、评价手段和技术开发;第五,促进各个利益方之间的沟通和合作;第六,改造现有的教育和培训机构,以及对各个学习机会的提供者;第七,向学习者和潜在学习者提供信息、

咨询和指导；第八，建立有效率的和有效果的财政支持机制。

  中国教育发展战略学会学术委员会主任、课题组组长谈松华研究员在论坛上就课题研究背景、前期工作、研究重点内容和方法作了说明。他表示，课题研究重点是在把握新型城镇化的特征、动力和发展路径的基础上，紧扣新型城镇化与教育改革发展的结合点，充分发挥教育对于新型城镇化的支撑和促进作用，建立教育城乡一体化与经济社会城乡一体化的良性互动机制。研究方法包括综合研究、专题研究、行动研究或者试点研究。尤其要在进行理论研究、总结历史经验和国际经验的同时，更加重视不同区域和不同领域的行动研究和试点研究，在理论与实践的结合上，探索我国新型城镇化中教育改革和发展的战略、制度、政策选择。

（本文原载《中国教育报》，2014年6月19日）

**文章架构**

一、背景

二、动因

三、实践与创新

四、成效与意义

五、经验与启示

六、问题、反思与展望

**主要观点**

成都市以"全域成都"的理念驾驭教育发展，在市域统筹促进农村中小学标准化建设进而实现城乡办学条件一体化的实践中取得了重大成就，并积累了一定经验。本文从背景、驱动、思想体系、政策体系、组织体系、实施体系、成效与意义、基本经验与启示、问题、反思与展望等方面全面介绍了成都市域统筹农村中小学标准化建设的"成都模式"实践，总结了其创新之处和面临的挑战，力图做出一些有益的探讨，具有一定的实践价值和现实意义。

**关 键 词**

● 教育均衡 ● 城乡教育一体化 ● 市域统筹 ● 办学条件
● 标准化建设 ● 全域成都 ● 泰尔指数 ● 成都模式

# 城乡教育一体化视角下市域统筹农村中小学标准化建设的有益探索
## ——成都模式

### 柯 玲

女,成都工业职业技术学院院长,博士,教授。中国教育发展战略学会学术委员会委员,成都市人民政府第二届督学,成都市教育学会副会长,四川省社会科学高水平研究团队统筹城乡教育发展研究团队带头人,四川省教育厅人文社会科学重点研究基地统筹城乡教育发展研究中心主任。著有《城乡教育一体化水平监测与评价研究——以成都市为例》(2013)、《农村教育共同体构建——基于成都郫县的探索与实践》(2010)等;多次荣获四川省优秀教学成果奖、四川省优秀教育科研成果奖、四川省哲学社会科学成果奖等。

近些年,成都市作为全国统筹城乡综合配套改革试验区以"全域成都"的理念驾驭教育发展,在市域统筹促进农村中小学标准化建设,进而实现城乡基础教育均衡发展的实践中取得了重大成就,并积累了一些经验,有效地缩小了城乡间教育水平差距。因此,总结和探讨成都模式的实践经验,以及当前存在的不足并提出相关政策建议,具有一定的实践价值和现实意义。

## 一、背景

2006年以前,成都和全国其他大部分地区一样,作为一个典型的大城市带大农村的特大城市,其城乡间中小学办学条件失衡的现象十分严重,农村和偏远县区教育发展水平严重滞后于城市[1],结构性失衡,成都城乡间基础教育办学条件差距也越来越大,最优厚的基础教育教育资源,如教育财政经费、一流校舍和现代化教学设备大多都集中在城区,郊县和偏远农村地区基础教育办学条件严重落后。

**1. 历史积累**

从历史层面来看,成都自古就是一个地区发展水平差异很大的地区,无论经历怎样的王朝更迭、政权更替和革命起义,这个问题都没有得到有效的解决。特别是伴随着近代一百多年痛苦的工业化过程,城乡差异被完全固化下来,它跨越计划经济时代,时至今日,已成为阻碍地区经济社会全面进步的难题之一。历史的长期积累使得城乡教育资源在存量上的差距积重难返,无论在物资条件、师资条件、经费条件方面,广大农村地区与中心城区之间都存在较大差异。由于历史长期投资不足、地理条件限制等原因,一些边缘农村地区基础教育设施落后未达到最低标准,主要表现在:人均校舍面积不足,运动场地空缺,教学仪器不符合现代化标准,教学内容方式不符合新课程要求等。据统计,2003年成都市农村地区中学和小学的生均教学设备仪器数量分别为城市地区的59.89%和46.10%,城市地区中学和小学生均图书藏量分别是农村地区的2.58倍和1.33倍。

**2. 制度障碍**

城乡教育的二元差异,不仅反映出城乡的地理差异,更本质的是反映出城乡制度落差,即人为制度安排的差异。长期以来成都地区和全国其他地区一样,在教育领域的制度落差突出表现为:在基础教育体系中变相采用双轨制,没有一视同仁地对待。具体地说,就是在教育的实际运作中,城市教育和农村教育享受完全不同的待遇,两者有明显的等级差异。城乡教育双轨制的等级差异,鲜明地表现在教育的财力保障上,农村教育长期很少得到政府公共财力的支持,导致农村地区办学条件落后局面得不到有效解决。户籍管理制度也是造成基础教育发展失衡的重要原因,它客观上把城乡教育资源配置上分为两个利益完全独立的辖区。这种身份限制不仅强化了地区间基础教育资源的先天差异,而且对这种不均衡状态起到固化作用。还有一些学者从"委托—代理"理论出发,认为在社会多层委托代理关系体系中,作为初始代理人的民众很难得到实际有效的体制性渠道来监督、激励政府,从而形成"政府供给主导型"的基础教育资源分配机制。民众对政府提供的基础教育服务的需求弹性变小,即缺乏弹性,基础教育服务日趋走向"卖方市场"是城乡基础教育办学条件失衡的另一重要原因。

### 3. 体制弊病

成都地区城乡教育发展失衡问题的实质是社会转型时期制度变迁过程中出现的体制供给不足在教育层面上的折射。自新中国成立以来,基础教育财政投入体制大致经历了一个由"省级统筹"到"县级负责"的变革过程。财政投入的重心呈现持续下移的态势,一方面这说明在财政投入体制上,国家对基础教育的重视程度明显不足;另一方面,"以县为主"低重心的财政负责制实质是县级政府成为基础教育财政投入的主要"承包者"。国家实行这一套制度的初衷是促使地方政府以县域为单位在基础教育的投入上形成相互竞争的局面,从根本上改善基础教育非均衡的发展状态。但是,由于经济差异和教育差异具有较强的相互依存性,经济差异决定的县级财政能力差异对区域间基础教育差异调节无能为力。县级财政能力受到辖区内乡级经济发展的高度影响,乡级经济落后的偏远县对教育投入的能力仍然不足,难以从根本上扭转城乡间基础教育办学条件失衡的问题。近些年来,随着经济的发展,虽然县级政府基础教育经费筹措能力以及协调能力有了大幅度提高,但是,从总体上看仍然没有摆脱"分域办学"的传统分制体制。基础教育过度依赖县级财政却没有赋予其相应的财政能力,事权和财权的非对称性导致县级政府在面对基础教育办学条件问题时可调控的财政资源有限,不能调整财政支出的结构以满足城乡基础教育办学条件均衡发展的诉求,难以改善农村地区基础教育办学条件落后的局面。

因此,解决城乡基础教育办学条件失衡现状需改变现行财政投入体制,提高教育财政投入主体的层级。市级应承担更多责任,在大区域内形成对立统一的局面,拓宽基础教育财政投入的可调整空间,从而使长期被县域财力束缚的教育活力彻底解放出来,促进城乡教育办学条件的均等化。

### 4. 发展偏好

成都地区城乡间基础教育办学条件失衡还归咎于政府在教育实践中长期践行的"偏向型"发展战略。其主要表现为:首先,抓重点、轻一般的"重点发展"路线。为了充分利用有限的教育资源,成都教育行政部门重点扶持了一些基础比较好地区的普通中小学学校,在办学经费、设备上都向这些地区的学校倾斜,着重建设了一批重点学校,由此城乡间基础教育办学条件开始走向分化。其次,"城市中心"路线。随着城乡二元结构固化和区域差异的扩大,主城区和发达区县渐渐积累了优质的教育资源，农村和郊县办学条件日益贫乏，城乡间、区域间教育资源配置走向非均等化的道路。因此，解决城乡基础教育办学条件失衡势必摒弃"偏向型"发展思维，树立新的"无差异"发展理念。

## 二、动因

**1. 时代需求**

追求公平是人类的自然趋向，中国有句古话说的好，"不患寡而患不均"，千百年来，这种传统的思维定式深入骨髓地影响着人们对现实世界的评判和期许。在知识经济时代，教育俨然已是现代公民的基本需求之一，而且是非常重要的基本需求，是构建人们生存行为能力的最重要途径。如果没有教育带来的这种能力储备，人们将很难进行各种生存性的活动。因此，人们渴望教育利益和教育资源的公平分配。

20世纪五六十年代，美国著名学者科南特（Conant）曾指出，教育公平主要包括在三个方面，即起点公平、过程公平和结果公平。起点公平指受教育机会和受教育条件要大致均等；过程公平则是指教育过程和师生互动的均等；结果公平要求教育对个人生活影响的均等[2]。过程还是结果的公平，都离不开教育资源配置的公平，首先需要的便是标准化的教育教学设施，比如学校占地面积、学校校舍面积、图书藏量、计算机台数，以及先进的辅助教学实验仪器等，更重要的是需要充足的教育经费保障，以维持办学条件的可持续性。因此，城乡教育资源配置必须在横向公平原则基础上，保证受教育者获得大体一致的、标准化的受教育条件，使公民的受教育权利不因自然禀赋，如自然条件等因素的差异而有所不同。如果教育资源供给不能从资源配置的基本原则出发体现其公平性，那将会扭曲教育的公共服务性质，出现比市场失灵还可怕的政府失效，最终影响人力资本的积累。

然而，现实中成都地区城乡教育资源配置不均，尤其是基本办学条件差异导致一些地区教育投入不足和低质量的教育。城乡教育资源的非均衡配置与社会公平正义的目标是南辕北辙的。因此，深入分析现阶段城乡间教育资源配置的差异情况并寻求解决之道十分必要。对这种差异和改善路径探索地越深刻，就越能发现问题，越是需要社会各界加以关注并给予解决，否则城乡教育公平正义将成为空中楼阁，看得见却摸不着。

**2. 政策导向**

2002年前，教育均衡发展有人支持有人反对，但是尚未引起学术界和官方的广泛关注。2002年第3期刊《人民教育》刊登了《为了每一个孩子的幸福成长——山东省寿光市教育均衡发展透视》一文，文章发表后引起有关领导和专家的重视，教育部副部长王湛同志对寿光基础教育均衡发展的成就给予高度评价[3]。《人民教育》《山东教育》《教育研究》《教育发展研究》等刊物在 2002 年纷纷组织专家和学者围绕教育均衡发展撰写论文或讨论,在这场关乎教育均衡的关注热潮中,多数学者和官员达成基本共识——教育均衡发展对社会和谐稳定发展有至关重要作用。

紧接着,2005 年教育部就颁布《关于进一步推进义务教育均衡发展的若干意见》,对义务教育均衡发展作出阐释,强调统一思想认识,把推进义务教育均衡发展摆上重要位置,并要求采取积极措施,逐步缩小学校办学条件的差距;落实各项政策,切实保障弱势群体学生接受义务教育;建立监测评估体系,切实推进义务教育均衡发展。这一文件表达了两个信息:一是城乡办学条件差异问题已进入到国家决策层的视野;二是国家在缩小办学条件问题上,已经形成一个比较明晰的思路,开始在操作层面上考虑通过办学条件一体化、标准化来实现义务教育均衡发展。

政策导向为寻求解决城乡中小学办学条件一体化问题提供了突破口与落脚点,各地纷纷颁布有关农村中小学标准化建设的《实施意见》、《标准》等,一时间,构建一个相对统一的学校办学标准体系,建设农村义务教育阶段的"标准化学校",成为实现农村义务教育健康发展的选择路径。

## 三、实践与创新

**1. 思想体系:全域理念,规划一体**

成都市在推进教育发展过程中,首先,始终立足于城乡教育一体化的发展趋势和"全域成都"的理念,不断积极探索创新,以教育规划为龙头,建立实现城乡教育共同发展的长远愿景,将城乡教育视为一个整体系统来进行市域统筹和整体谋划。成都市政府出台的"十一五"规划、"十二五"规划《成都市教育事业发展第十二五规划》《成都市建设统筹城乡教育综合改革试验区实施方案》《成都市教育公平行动计划实施方案》以及《成都市中长期教育改革和发展规划纲要(2010—2020年)》为成都市统筹城乡教育发展提供了先导,全面确立了"全域成都"的教育发展理念,如此以来城乡基础教育便成为了一个开放的、无差异的共同体。

其次,根据成都市大城市带大农村的现实情况,强化城乡教育资源的空间整合,从经费、师资、办学条件等方面全面优化城乡教育的资源结构,提高资源配置的公平性。针对农村中小学办学条件差的现实,成都市以市域统筹农村中小学标准化建设为突破口,整体提高农村学校的办学条件。2003—2007 年,按照"20 年不落后,50 年能使用"的要求,采取统一规划、统一标准、统一设计、统一投资、统一风格、统一建设的方式,由市财政牵头,区县匹配项目建设用地,对全市农村中小学进行布局调整,整和优化教育资源,高标准完成标准化建设。全域视角视角下市域统筹农村中小学标准化建设打破了行政区划和城乡二元社会结构的束缚,有效地消除了地域、经济等客观因素导致的城乡办学条件不均的问题。

## 2. 政策体系:城乡整合,标准一体

成都市以市域统筹农村中小学标准化建设作为促进办学条件一体化的抓手,是成都市进行教育资源均衡配置的重要内容。成都市在规划一体化原则下,先后就办学条件一体化制定了 20 个政策文件,形成三大特色政策体系和机制(表1)。这些政策体系为建立城乡统一的办学条件标准和系统实施市域统筹的农村中小学标准化建设项目工程奠定了基础。

该政策体系具有系统性、整合性和动态性的特征,在标准一体原则下强调全域发展、整体发展和动态提高,为推进城乡教育一体化提供了一套完整的持续动力机制。

表1　　　　　　　　　　成都市农村中小学标准化建设政策体系一览

| 政策体系 | 目标层 | 政策文件 | 年份 |
| --- | --- | --- | --- |
| 发展规划 | 优先发展 | 《成都市(极重灾区和重灾区)汶川地震灾后恢复重建总体实施规划》 | 2009 |
| | | 《成都市国民经济和社会发展第十二个五年规划纲要》 | 2011 |
| | 基本均衡 | 《成都市统筹城乡综合配套改革教育专项工作方案》 | 2008 |
| | | 《成都市建设统筹城乡教育综合改革试验区建设目标任务的通知》 | 2009 |
| | | 《成都市教育局关于下达统筹城乡教育综合改革试验区建设目标任务的通知》 | 2009 |
| | | 《成都市教育局关于印发统筹城乡教育综合改革试验区十大行动计划实施方案的通知》 | 2009 |
| | | 《成都市人民政府关于实施职业教育三年攻坚计划的决定》 | 2009 |
| | | 《成都市教育信息化发展规划(2009—2011年)》(试行) | 2009 |
| | | 《扩大优质教育资源促进城乡普通高中教育均衡发展规划》 | 2009 |
| | 优质均衡 | 《成都市中长期教育改革和发展规划纲要(2010—2020年)》 | 2011 |
| | | 《成都市教育事业发展第十二个五年规划》 | 2011 |
| | | 《关于开展义务教育阶段"新优质学校"培育工作的通知》 | 2012 |
| | | 《关于进一步深化区(市)县域内公共教育资源均衡配置的意见》 | 2012 |
| 学校建设配置标准 | 学前教育/配置标准 | 《关于推进全市农村中心幼儿园标准化建设的意见》 | 2008 |
| | | 《成都市农村中心幼儿园标准化建设标准》 | 2008 |
| | | 《成都市农村中心幼儿园标准化建设设计及设施设备配置基要求》 | 2008 |
| | 基础教育/灾后重建标准 | 《成都市中小学校灾后重建规划的指导意见》 | 2008 |
| | | 《成都市中小学灾后重建标准》 | 2008 |
| | 基础教育/技术配置标准 | 《成都市义务教育学校教育技术装备必备标准》 | 2007 |
| | | 《成都市中小学教育技术装备标准(试行)》 | 2012 |
| | | 《成都市城乡中小学标准化建设提升工程实施方案》 | 2012 |
| 校舍条件 | 学前教育/校舍条件 | 《关于促进民办幼儿园发展的意见》 | 2007 |
| | | 《关于推进全市农村中心幼儿园标准化建设的意见》 | 2008 |
| | | 《关于促进学前教育发展的意见》 | 2010 |

续 表

| 政策体系 | 目标层 | 政策文件 | 年份 |
|---|---|---|---|
| | 义务教育/校舍条件 | 《关于提升全市农村学校办学水平的实施意见》 | 2009 |
| | | 《成都市建设统筹城乡教育综合改革试验区实施方案》:校舍安全行动计划 | 2009 |
| | | 《关于印发全市中小学校舍安全工程实施方案的通知》 | 2009 |
| | 职业教育/基础建设 | 《成都市人民政府关于实施职业教育三年攻坚计划的决定》 | 2009 |
| 技术装备条件 | 义务教育/薄弱学校 | 《全面消除义务教育阶段薄弱学校行动计划》 | 2007 |
| | 义务教育/公办初中 | 《关于2008—2010年初中办学水平提升行动计划的意见》 | 2007 |
| | 义务教育/技术装备标准化 | 《关于义务教育阶段2008—2010年学校教育技术装备及设备设施建设、管理、应用工作的意见》 | 2008 |
| | 标准化建设工程 | 《成都市城乡中小学标准化建设提升工程实施方案》 | 2012 |
| | 信息化建设 | 《成都市教育信息化发展规划(2009—2011年)》(试行) | 2009 |

## 3. 组织体系:统筹协调,管理一体

在农村中小学标准化建设组织保障体系中(图1),市政府是指导者,它以宏观视野、整体考虑、系统思考和大局把握为原则,对城乡教育一体化及农村中小学标准化建设所面临的复杂问题、变革时机、策略选择和力度把握进行前瞻性把握;市教育局扮演设计者和统筹者,以整个市域利益为着眼点,扮演"贤明少数"权威,不失时机地解读和预测教育需求和教育现实的变化,修改或出台

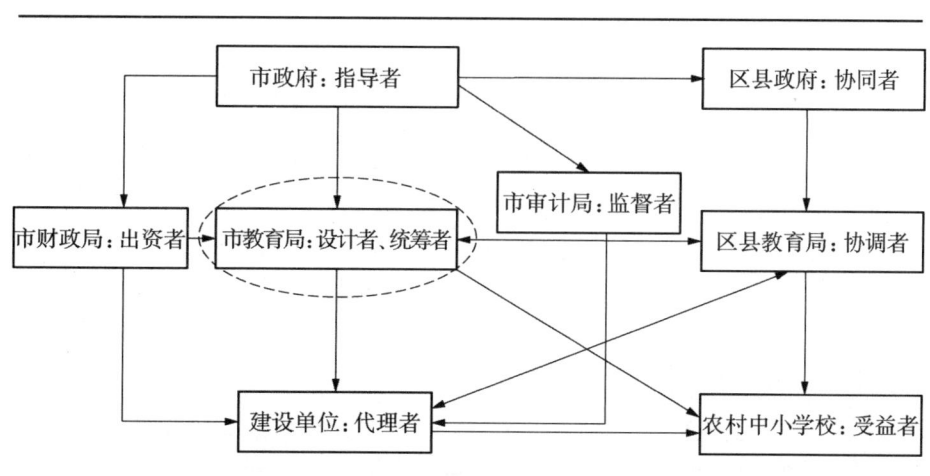

图1 农村中小学标准化建设组织保障体系

新的、符合教育公平发展要求的办学条件一体化、标准化的法规和政策,从法律和制度的层面搭建农村中小学标准化建设平台,赋予新的政策定位,对农村中小学标准化建设的原则、范围、标准及以市县之间权责分配进行明确化、规范化,形成一条完备的有关农村中小学标准化建设制度链;区县政府及教育局主要承担协调、协同职能,区县政府作为权力的延伸,起到市级和基层之间农村中小学标准化建设政策传递、扩散、消化、反馈的作用,负责协同配套建设土地,并协助处理办理手续、工程建设等相关问题,提高来自市级自上而下的强制性制度变迁与基层自下而上的诱致性制度变迁的兼容性;市财政局和审计局扮演监督者角色,主要负责对工程建设中资金运行进行监督,保障资金利用到位准确,以提高资金利用效率。完备的组织体系为市域统筹提供了抓手,为农村中小学标准化建设提供了组织保障和智力支持。

**4. 实施体系:契约管理,公司运作**

2004年,成都市正式启动农村中小学标准化建设工程,工程涉及14个郊区县(市),遵循"统筹规划、分布实施、合理配置、规范管理"的原则,全面将农村中小学学校纳入建设规划,整合教育资源,通过撤并、新建、改建、扩建等方式合理调整农村中小学布局,并按照高标准要求,统一进行标准化建设。

成都市农村中小学标准化建设采取"市域统筹、契约管理、公司运作"的创新体制(图2)。市教育局直接审核各区县政府、教育局及农村学校所提出的规划、需求、标准。其中,农村中小学标准化建设工程项目办公室居于核心统筹地位,它负责统筹全盘事务、审核建设进度、拨付资金、解决协调建设相关问题和验收项目;担负项目管理的国有投资公司则作为项目业主统一实施专业化

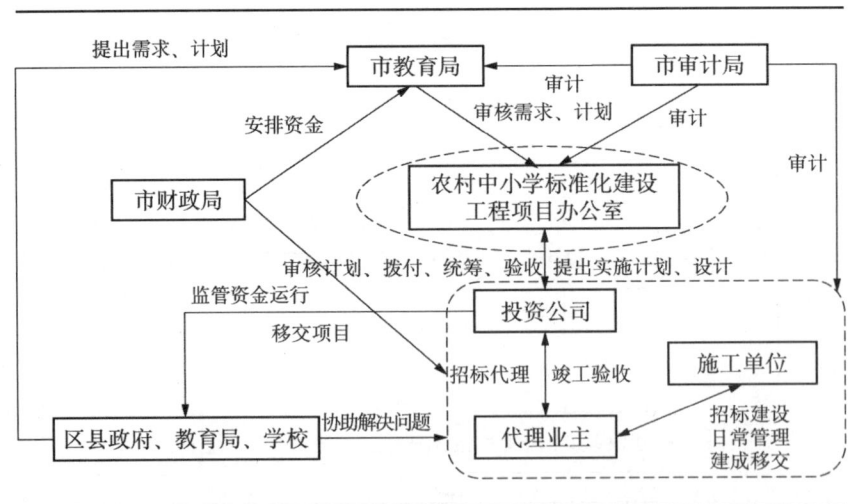

图2 成都市农村中小学标准化建设工程操作实施体系

的项目管理；项目业主通过市场化手段统一调查勘探、设计、施工、监理等市场主体参与项目实施；市财政局、市审计局和工程项目办公室严格把关资金运作情况和项目质量。通过项目公司集中管理，以满足学校使用功能为原则，严格把控规划设计，根据统一政策标准进行工程精算，避免资源浪费和寻租行为。在项目实施中，各区县政府只负责提供建设用地和外部协调工作，不必提供配套资金。项目工程完工后，由项目公司分别移交农村中小学标准化建设工程项目办公室和当地政府验收、使用。这种"市域统筹、契约管理、公司运作"模式主体明确、分工精细、责任清晰，既充分调动区县政府的积极性，又有利于保证建设资金安全和项目质量。

## 四、成效与意义

成都市将市域统筹农村中小学标准化建设作为实现义务教育均衡发展的重要举措之一，将教育公平作为农村中小学标准化建设的价值诉求，旨在通过制定城乡中小学建设的基本标准，用标准树立准绳，促进区域内教育公平的实现，满足落后地区基本的教育需求。

为了更加全面反映成都市域统筹下农村中小学标准化建设的成效，本文选取校舍面积、仪器设备总价值两个指标进行总体分析，这里引入泰尔指数这一测量工具。泰尔指数具有匿名性、齐次性和独立性的特点，它可以衡量组内差距和组间差距对总体差距的贡献率，在评价教育资源配置的均衡程度时，可以分解区域之间、区域内部差距对总体不平等程度的贡献程度。

本研究主要运用泰尔指数对成都市各区县分圈层三大区域办学条件进行分析，进而考察成都市市域统筹下农村中小学标准化建设的教育资源均衡配置效应。一般而言，当每个地区拥有的资源相同时，泰尔指数为0，这表示区域间教育资源处于绝对公平状态；而当一些地区占有比其人口比例更高或较低比例的资源时，就会产生教育财力资源配置不公平现象。此时，泰尔指数越大，表示区域间资源配置的均等化程度越低；当泰尔指数为1时，意味着区域间教育资源配置处于绝对不公平状态。其计算公式如下：

$$T = T_1 + T_2 = \sum_{i=1}^{3} y_i \log \frac{y_i}{p_i} + \sum_{i=1}^{3} y_i \left( \sum_j y_{ij} \log \frac{y_{ij}}{p_{ij}} \right) \quad (1-1)$$

$$区间贡献率 = T_1/T$$

$$区内贡献率 = T_2/T$$

式中，$T$ 表示总泰尔指数，$T_1$ 表示区域间泰尔指数，$T_2$ 表示区域内泰尔指数，$y_i$ 为 $i$ 区域资源占全市的比例，$y_{ij}$ 为 $i$ 区域内 $j$ 区县资源总量占该区域总量的比例，$p_i$ 代表 $i$ 区域在校生人数占全市的份额，$p_{ij}$ 代表 $i$ 区域内 $j$ 区县在校生人数占该区域总量的份额。泰尔指数越大，表示地区间教育支出差异就越大，不公平性程度就越高，反之，则表示地区间差异越小，不公平性程度越低。

研究数据来源于《成都市教育统计资料汇编》及调查数据，鉴于数据统计对象的一致性和数据的可得性，样本数据以基础教育阶段为研究对象，以2006—2012年为时间序列。

表2　　　2006—2012年成都市基础阶段校舍面积配置差距的总泰尔指数及其分解

| 年份/项目 | 总 | 区间 | 区内 | 区间贡献 | 区内贡献 |
| --- | --- | --- | --- | --- | --- |
| 2006 | 0.011 166 9 | 0.008 369 9 | 0.002 797 0 | 0.749 526 7 | 0.250 473 3 |
| 2007 | 0.008 692 4 | 0.002 301 6 | 0.006 390 8 | 0.264 785 9 | 0.735 214 1 |
| 2008 | 0.007 327 8 | 0.002 811 6 | 0.004 516 2 | 0.383 695 1 | 0.616 304 9 |
| 2009 | 0.007 080 2 | 0.003 102 1 | 0.003 978 1 | 0.438 133 0 | 0.561 867 0 |
| 2010 | 0.005 448 4 | 0.000 852 0 | 0.004 596 3 | 0.156 385 2 | 0.843 614 8 |
| 2011 | 0.005 143 7 | 0.000 666 5 | 0.004 477 2 | 0.129 569 2 | 0.870 430 8 |
| 2012 | 0.003 570 2 | 0.000 864 6 | 0.002 705 7 | 0.242 158 3 | 0.757 841 7 |

数据来源：据《成都市教育统计资料汇编》原始数据计算得出

表3　　　2006—2012年成都市基础教育阶段仪器设备总价值配置差距的总泰尔指数及其分解

| 年份/项目 | 总 | 区间 | 区内 | 区间贡献 | 区内贡献 |
| --- | --- | --- | --- | --- | --- |
| 2006 | 0.079 194 0 | 0.004 966 7 | 0.074 227 3 | 0.062 716 2 | 0.937 283 8 |
| 2007 | 0.056 909 2 | 0.011 333 9 | 0.045 575 3 | 0.199 158 2 | 0.800 841 8 |
| 2008 | 0.055 825 7 | 0.018 540 0 | 0.037 285 7 | 0.332 105 1 | 0.667 894 9 |
| 2009 | 0.049 437 4 | 0.010 390 3 | 0.039 047 2 | 0.210 169 9 | 0.789 830 1 |
| 2010 | 0.046 919 1 | 0.011 472 0 | 0.035 447 2 | 0.244 505 0 | 0.755 495 0 |
| 2011 | 0.035 392 3 | 0.005 609 0 | 0.029 783 3 | 0.158 480 1 | 0.841 519 9 |
| 2012 | 0.023 861 8 | 0.002 552 9 | 0.021 308 9 | 0.106 985 7 | 0.893 014 3 |

数据来源：据《成都市教育统计资料汇编》原始数据计算得出

由表2、表3可见，2006—2012年成都市义务教育阶段校舍面积、仪器设备配置差距具有如下特点：

第一，基础教育阶段，成都市校舍面积、仪器设备总价值配置的总体差距呈下降趋势（图3、图4、图6、图7）。从校舍面积看，2006—2012年总泰尔指数呈现持续下降态势，2006年为0.011 166 9，2012年下降至0.003 570 2，约为2006年的三分之一，区间差距虽略有起伏但总体也呈下降趋势，2006—2007年大幅下降，2007—2009年有小幅攀升，2009—2012年下降明显，至2012年区间泰尔指数仅为0.000 864 6，相当于2006年的十分之一；从设备资源看，2006—2012年总泰尔指数也呈持续下滑态势，2006年为0.079 194 0，2012年降至0.023 861 8，区间差距呈先上升后下降趋势，2006—2008年为上升期，2008年区间差距达到峰值0.018 540 0，之后逐年下降，2012年为0.002 552 9，相当于2008年的七分之一。

第二，从贡献率的变化看（图5、图8），成都市义务教育阶段校舍面积、仪器设备配置的差距主要是由区内差距引起的，区间差距对总体差距的影响呈减小趋势。从校舍面积看，2006年，区间差距对总体的贡献率为74%，至2012年，区间差距对总体差距的贡献率仅为在24%。从仪器设备总价值看，2006—2012年，区间差距对总体的贡献率为呈先升后降趋势，2008年为波峰达到33%，之后逐年下降，至2012年减小到仅为10%左右。

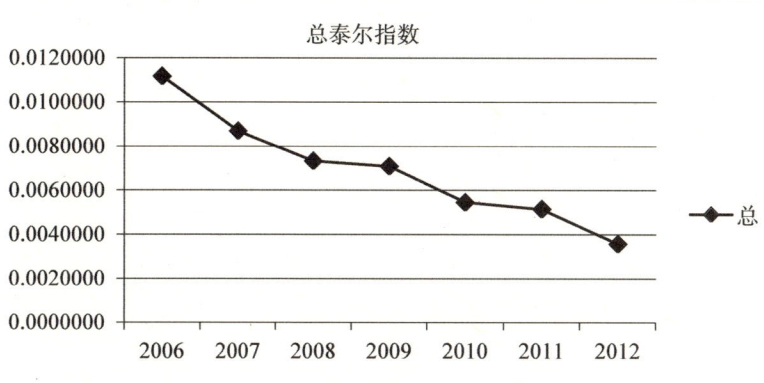

图3 2006—2012年成都市基础阶段校舍面积配置差距总泰尔指数变化趋势

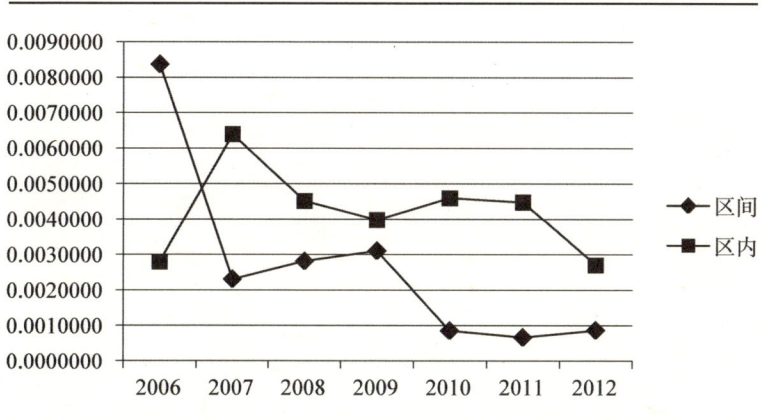

图4 2006—2012年成都市基础阶段校舍面积配置差距区内与区间泰尔指数变化趋势

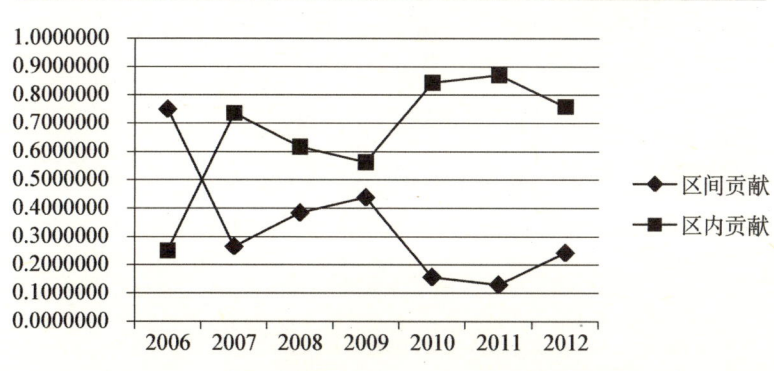

图5 2006—2012年成都市基础阶段校舍面积配置差距区内与区间泰尔指数贡献率变化趋势

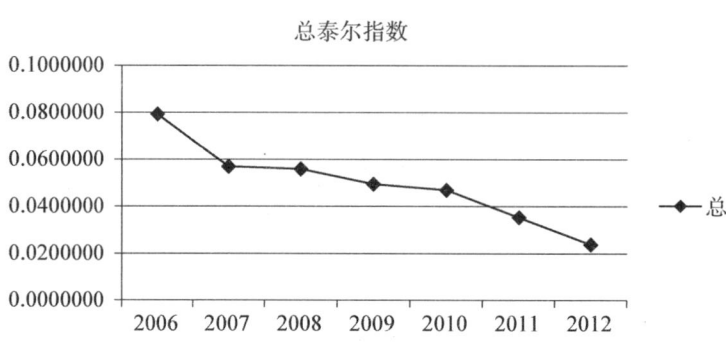

图6 2006—2012年成都市基础教育阶段仪器设备总价值配置差距总泰尔指数变化趋势

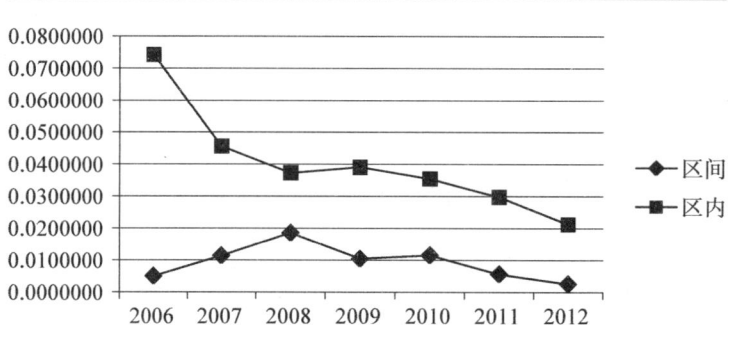

图7 2006—2012年成都市基础教育阶段仪器设备总价值配置差距区内与区间泰尔指数变化趋势

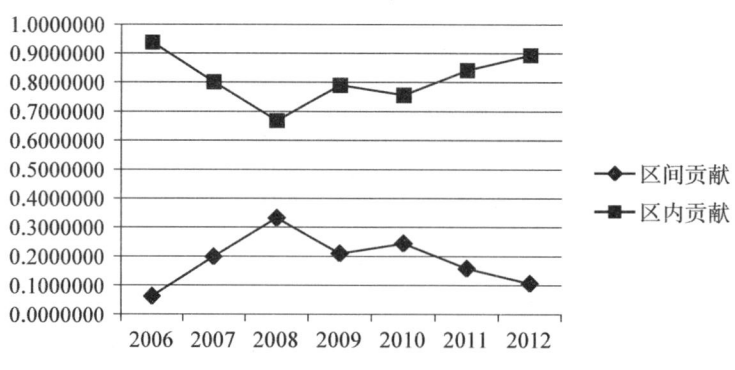

图8 2006—2012年成都市基础教育阶段仪器设备总价值配置差距区内与区间泰尔指数贡献率变化趋势

由此可见，标准化建设使农村中小学的硬件环境得到显著改善，推动了城乡学校硬件资源配置的进一步均衡，为城乡教育互动以及城乡教育一体化高位均衡奠定了一定的物质基础。

## 五、经验与启示

**1. 全域理念**

成都市以"全域成都"的基础教育发展理念作为旗帜，坚持一体化、标准化的发展方向，从"全域"角度出发对基础教育资源配置体制进行了大胆改革，从市域统筹经费支持办学条件入手打破区域"地方主义"和"各自为政"现状，摆脱基础教育对地方财力的过度依赖，以市财政为主导逐步建立起了城乡基础教育办学条件一体化发展的新局面。

**2. 充分尊重和扩大市级的教育资源配置权及其调控主体地位**

从政府职能角度讲，"成都模式"的本质是府际之间在职能、权力体系重构和精细划分基础上，充分尊重和扩大市级的教育资源配置权、资源配置能力及其调控主体地位，以保障城乡基础教育办学条件的标准化和均等化。其手段是赋予县级相当的权力限度和范围，包括权力内容、权力边界、权力大小、权力效力等，市县及各个社会主体通力合作，以达到基于公平原则的教育资源均衡配置目的。总结起来，包括两个方面：第一，上移决策权。主要基于本地特殊性，如资源禀赋差异、社会环境区位优劣等，将一些原属于县级政府但县级政府迫于财力或精力无法实现的部分教育管理权限直接上移至市级政府，以使市级政府具有更多的教育资源配置自主选择空间以及协调运筹灵活度。第二，集中财力。财政能力是政府教育资源配置能力的核心要素，但现行教育投入体制造成的"财权升序、事权降序"的不对称限制了县级政府以财力为支撑的教育资源配置伸缩空间。财力供给弹性不足导致县级政府无力回应行政辖区内所有学校主体的办学条件的诱致性变迁需求，也无法灵活转化来自上级政府"层级压迫"的强制性变迁需求。县级政府的教育职能呈现"外实内虚"现象，"成都模式"实际是优化传统的教育财权和事权结构，在精细划分权责和委托代理的基础上，夯实市级政府教育资源配置职能。

总结起来，"成都模式"回应了不同区县治理环境、不同发展水平的地域对政府教育服务职能的苛刻要求。它实际将政府教育权能放在了一个具体的、更宏观的、"既见森林又见树木"的行政生态中运行，自然会有良好的治理效果。在市域统筹背景下，作为市域这一相对稳定治理空间、连接城乡结合体的地方代理人，市级政府自觉担当教育资源整合、协调者角色。

"成都模式"的市域统筹迎合了城乡教育资源均衡的内在需求，一方面，农村经济快速发展，需要相匹配的教育资源来与之相协调；另一方面，市域作为最稳定治理空间的特殊地位，也需要通过适度扩张权力来平衡城乡间、区域间在教育资源利益格局博弈，以彰显其重要地位。

"成都模式"的理念其实质是对传统的基础教育发展模式的创新,它消除了区域基础教育均衡发展对地方财力的过度依赖,通过上移决策权、集中财力,在市县之间职能、权力体系重构和精细划分基础上,充分尊重和扩大市级的教育资源配置权、资源配置能力及其调控主体地位,以保障城乡基础教育办学条件的标准化和均等化,拓宽了基础教育资源配置的可调整伸缩空间,从一个更大的区域维度出发实现基础教育的均衡发展,做到了区域一体化、标准化全覆盖。实际上,在一个省区范围内,地区范围内,甚至全国范围内,这种"全域"的基础教育发展理念都是具有借鉴价值的[4]。

## 六、问题、反思与展望

成都市在市域统筹农村中小学标准化建设上下了大力气,也取得了不俗的成就,公共教育资源整体配置得到优化,保证了城乡基础教育的起点公平和过程公平,使成都市全域内基础教育不断朝均等化的方向发展。但是,由于各种原因,成都实践仍然存在诸多不足之处,也面临着许多新的挑战。

首先,教学设施差异在一定区域范围内依然很大。这些年,成都市虽然一直在推动城乡基础教育办学条件一体化、标准化建设,"但由于历史长期投资不足、地理条件限制等原因,一些边缘农村地区基础教育设施仍很落后,甚至未达到最低标准,主要表现在:人均校舍面积不足,运动场地空缺,教学仪器不符合现代化标准,教学内容方式不符合新课程要求等"[5]。因此,还需要进一步改善个别地区的办学条件,特别要加大对那些区位条件差的偏远农村的基础教育的投入。

其次,市政府面临巨大的财政压力和"搭便车"现象[6]域统筹主导引领公共教育资源在区域间均衡配置,从经费支持办学条件标准化入手打破区域"地方主义"和"各自为政"现状,摆脱基础教育对地方财力的过度依赖,取得了不错的效果。但是,市政府对基础教育的扶持也给市财政带来了巨大压力,据统计,2008—2010年,成都市教育支出占三农支出的比重都在22%以上,而且,对郊县的过度帮扶也造成某些"搭便车"的现象,所谓"不当家不知油盐贵",一些县区"坐吃山空"等待市财政支援,在基础教育自身发展上积极性显得不足。针对市财政不堪重负和搭便车的问题,加强区域间经济协调发展才是缩小基础教育资源配置差异的根本所在,只有建立在各地区基础教育公共服务供给能力均衡基础之上的基础教育均衡才是"铁稳"的均衡,市财政只能起辅助的作用,否则,如果把握不好这样原则,过度依赖市财政,取得的成果将得而复失。

最后,硬实力趋向均衡,软实力差距仍明显。成都市对农村薄弱学校标准化建设的资金倾斜,重在办学规模及基础设施等硬件建设,但对师资及课程等软件建设投入不足,薄弱学校在硬实力趋向标准化的同时,软实力如何提升成为新问题。

**参考文献**

[1][5]西南财经大学财务税务学院课题组.城乡统筹发展中的农村公共品有效供给研究报告[M].北京经济科学

出版社,2012:41-42.
[2] 李伟.我国基本公共服务均等化研究[M].北京经济科学出版社.2010:55.
[3] 程红艳.中等教育均衡发展研究[M].武汉华中师范大学出版社,2010:22-23.
[4][6] 庞祯敬等.成都模式:统筹区域基础教育均衡发展的有益探索[J].上海教育科研,2013,(10):25-28.

文章架构
一、苏州城乡一体化发展概况
二、苏州教育城乡一体化的主要策略
三、"教育第一"引领苏州城乡一体化的发展愿景

主要观点

　　新的"四化",最根本的还是要以人为本,实现人的现代化。苏州已经进入了后工业化时期。在苏州推进新型城镇化的进程中,必须坚持教育第一的战略选择。加强规划引导,推进教育体制和制度的改革,破除城乡一体的障碍。整合资源,夯实社会基础。建设学习型城市,加强农民教育培训。重视文化引领。

关 键 词

● 城乡一体化 ● 教育第一 ● 均衡度 ● 积分制

# 教育第一：苏州新型城镇化的教育战略选择

———— 周春良 ————

男，苏州市教育局副局长、江苏省苏州中学校长兼党委书记，华东师范大学教育学博士。

党的"十八大"作出了坚持走中国特色新型工业化、信息化、城镇化、农业现代化道路的重大战略决策。作为城乡一体化的抓手,加快推进新型城镇化、促进城乡发展一体化已成为我国经济社会发展的重中之重。教育对于经济社会发展具有基础性、先导性、全局性作用,既要适应新型城镇化发展趋势,也要努力为新型城镇化建设提供充分、适切的高素质人才。

在推进新型城镇化的宏观背景下,苏州教育积极推动教育发展与城镇化进程的良性互动,以教育作为城乡一体化的助推器,走出了一条通过城乡教育一体化促进和引领城乡一体化发展的特色之路。

## 一、苏州城乡一体化发展概况

### (一)历程回顾

苏州有2 500多年的建城史,曾位居世界十大城市之一,创造过辉煌的城市文明。近代以后,随着上海的崛起和战乱的影响,苏州渐趋衰弱,地位逐渐下降。解放以后,在计划经济年代,苏州经济在曲折中有所发展,城市化水平也有所提高,但速度缓慢,到1978年城市化率只有16.6%,不仅没有达到纳瑟姆曲线划定的城市化快速发展阶段的起始点,甚至还低于全国17.9%的水平。

改革开放以后,苏州的城乡一体化进入了加速发展的轨道。这一过程大致可以分成以下三个阶段:

(1)乡镇企业造镇阶段:农转工(1979—1990年)。改革开放以后,苏州乡镇企业异军突起。1985年,乡镇工业产值占全市工业总产值的"半壁江山",1990年更是形成了"三分天下有其二"的局面。以集体所有制为主的乡镇工业的发展,为小城镇建设提供了有力的资金支持,而国家允许农民自带口粮进城经商务工以及降低建制镇、县级市设立标准的政策,也促进了小城镇的发展。这一时期,城市化率上升到24.9%,年均增长0.75个百分点。该阶段苏州城市化的特点是农村工业化、就地城镇化,俗称"离土不离乡、进厂不进城"。

(2)开发区造城阶段:内转外(1991—2000年)。苏州经济再上新台阶在于抓住了开放型经济发展的历史机遇。相应地,这一阶段城市化的主要动力由乡镇企业推动转为外资推动。苏州第一个开发区是1984年自费设立的昆山开发区,进入90年代以后,苏州紧紧抓住浦东开发开放的机遇,先后设立了5个国家级开发区、12个省级开发区以及一大批乡镇开发区。由于这些开发区大多依托老城(镇)区设立,在开发之初就作为现代化新城区(新镇区)规划,开发区的建设,有力地推进了苏州的城镇化进程。苏州中心城区在此阶段初步形成了"古城居中、一体两翼"的格局,市区城市建设用地由1990年的37.1平方公里扩展到2000年的86.5平方公里,城市化率提高到42.9%,年均提高1.8个百分点。

(3)市域城市群发展阶段:量转质(2001年至今)。进入新世纪,苏州明确提出了城市化战略,积极推进城乡一体化改革。吴县、吴江先后撤市设区,金阊、沧浪、平江三区合并为姑苏区,苏州中心城区形成了"五区组团"的城市新格局,在全市则形成了由一个区域中心城市、4个县级市城区、15个中心镇和若干一般镇四级组成、梯度发展的城市集群。2013年全市城镇建成区面积728.9平方公里,城市化率跃升到73.2%,超过全国水平近20个百分点,年均增长2.45个百分点。

## (二) 发展特点

改革开放以后苏州的城镇化进程有以下几个特点:

(1) 经济基础强。苏州城镇化的快速推进建立在经济发展的坚实基础之上。30多年来,苏州经济社会保持了持续快速健康发展的态势。2013年,全市实现地区生产总值突破1.3万亿元,工业总产值3.04万亿元,社会消费品零售总额3 630亿元,财政收入1 331亿元,市区居民人均可支配收入4.1万元,农民人均纯收入2.2万元,分别是1978年的407、627、383、161、120、165倍,苏州城乡收入比保持在2∶1以内。2012年,在全国20个大中城市中,苏州农民人均纯收入高居首位、工业总产值仅次于上海、出口总额名列第三、进出口总额位居第四、实际利用外资排名第五、GDP和公共财政预算收入处于第六,成为国内经济快速增长的明星城市,这为我们化解各种障碍、推进城镇化进程提供了坚实的经济基础。

(2) 发展速度快。从时间上讲,西方国家城市化快速发展期持续得比较长。如英国大约用了100年(1800—1900年),美国是80年(1890—1970年),日本是40年(1935—1975年),而苏州只用了30年。从开发面积看,20世纪90年代以前,苏州中心城区的格局基本没有跳出老城区范围,也就是说,自伍子胥建城开始,2 500年仅仅开发了14.5平方公里,而到2013年,市区建成区面积扩大到436.5平方公里,全市则达到了728.9平方公里。从城市化率看,1978—2013年提高了55个百分点。

(3) 城乡协调好。一是中心城区与县级市城市化发展比较均衡。苏州4个县级市全部位居百强县前十位,各县级市的城市化率在63.7%~69.9%之间,全市差别不大,且城市之间的关系是共生共荣。二是城乡差别较小。2013年苏州农民人均纯收入在全国20个大中城市位居首位,城乡收入比为1.93∶1,明显低于全国3.19∶1、全省2.43∶1的水平。在人均收入提高和生活质量提升的同时,苏州城乡居民在政治、经济、社会、文化、基础设施、人居环境等方面的差距,在总体上呈不断缩小的态势,并且已经出现由发展性缩小向体制性缩小转变的趋势。

(4) 集约程度高。产业的提升、"三集中"的推进、城市化的发展,极大地提高了土地利用效率,苏州节约集约用地各项指标位居江苏省首位。苏州市新增建设用地平均投资强度由"九五"期间的73.9万元/亩,持续增加到"十五"期间的103.8万元/亩、"十一五"期间294.1万元/亩,2013年高达405.78万元/亩;单位存量建设用地GDP产出则由2000年的7.4万元/亩,提高到2005年的16.1万元/亩、2013年的35.2万元/亩。

(5) 城市特色明。在经济快速发展的同时,苏州十分注意对古城风貌的保护、对历史文化的传承,形成了提升古城功能与保护古城风貌两全其美,老城与新城有机互补,传统文化与现代文明相得益彰的良好局面,得到了社会各界的广泛赞誉。在当今中国,不乏如西安、洛阳这样历史悠久的古城,也不缺如上海、深圳这样经济发达的现代城市,但像苏州这样兼具这两个特点的城市,却不多见。经济名城和历史文化名城的双面绣,用古典园林的精巧布局出现代经济的版图,用双面绣的绝活实现了东方与西方的对接。或许这正是苏州的最大特点。

## (三) 初步经验

作为江苏省唯一的城乡一体化发展综合配套改革试点城市,苏州的城镇化之路并不是单纯的"农民进城",而是农民"离土不离乡,进厂不进城",推进城乡统筹发展,加快城乡一体化改革,促进城乡生产要素优化配置,实现发展方式转型升级。主要经验表现为:

(1) 三大合作:在农村集体资产、农村承包土地、农村生产经营方面通过合作制或股份合作制,发展新型合作经济,包括社区股份合作制改革、土地股份合作制改革和农民专业合作经济组织建设。

(2) 三个置换:农户将集体资产所有权、土地承包经营权、宅基地及住房置换成股份合作社股权、社会保障和城镇住房。

(3) 三个集中:农户向社区集中、承包耕地向规模经营集中、工业企业向园区集中。

(4) 三大并轨:实现城乡低保、养老保险和医疗保险全市同一标准,保证农民和市民享受均等的社会福利。

由此可见,苏州城镇化发展水平较高,质量位居全国前列。国内相关研究机构的研究成果,也从侧面对此作了佐证。著名国际咨询机构埃森哲与中国科学院虚拟经济与数据科学研究中心联合完成的《新资源经济城市指数报告》,苏州得分高居第二位。中国社科院《中国新型城镇化报告(2012)》认为苏州新型城镇化质量居第七位。在《中国经济时报》进行的城镇化质量排名中,苏州名列地级以上城市第九位、200万以上人口的超大城市第四位。

综上所述,苏州是全国城乡差距最小的地区之一,城乡一体化是苏州经济社会发展最大的特色、亮点和优势。持续强劲的经济发展为苏州教育提供了强大的基础,同时教育发展又为经济建设提供了充足的人力资源。在新型城镇化进程中,苏州教育将继续牢牢把握教育与经济社会协调互动发展的主动权,确立"教育第一"的战略,全面打造"学有优教"教育品牌,成为苏州新型城镇化进程中更加靓丽的城市名片。

苏州教育发展的基本历程:

1982年,率先基本普及小学教育。

1992年,率先基本普及九年制义务教育、基本扫除青壮年文盲。

1998年,率先普及高中教育和15年教育。

2004年,率先普及高等教育。

2006年,率先实施免费义务教育。

2007年,全市五市七区通过了省县(市、区)教育现代化水平评估。

2010年,出台《苏州市中长期教育改革和发展规划纲要(2010—2020年)》。

2012年,强化"教育就是服务"的发展理念,构建服务型教育体系。

2013年,提出"让人人享有公平、优质、适切的教育"的苏州教育梦。

2014年,全面启动"苏州教育现代化2020规划及2030远景目标研究"课题。

## 二、苏州教育城乡一体化的主要策略

所谓城乡教育一体化,学术界没有明确和统一的界定,但均直接或间接表达了这样几层意思:一是城乡教育一体化是针对城乡教育的二元结构提出的解决路径;二是城乡教育一体化是对城乡教育均衡思想的发展与超越,其最终目标是消除教育不平等,实现教育公平,是教育发展目标与教育发展手段的统一;三是城乡教育一体化是一个系统工程,需要全社会共同推动,其核心是进行制度创新。

因此,我们可以对城乡教育一体化做如下解读:一是城乡教育一体化不是以城市教育取代乡村教育,不是城乡教育一样化,而是城乡教育优势互补、资源共享、共同发展;二是城乡教育一体化不是削峰填谷,不是以削弱城市教育为代价促进农村教育,而是通过优化教育资源配置、打通城乡教育交流,促进教育公平,促进我国教育整体现代化;三是城乡教育一体化不是精英教育取向,而是大众教育取向,其目的是培养人格健全的社会主义公民;四是城乡教育一体化既包括城市与乡村教育的一体化,也包括城市内部城市人口与流动人口教育的一体化。

苏州在城乡一体化的发展实践中,高举教育现代化和素质教育两面大旗,紧紧围绕建设覆盖城乡的基本公共教育服务体系这一目标,基本形成了城乡教育管理体制、规划布局、办学标准、办学经费、教师配置、办学水平一体化的发展格局,主要做法有以下几点。

### (一)坚持政府主导,从城乡一体化全局谋划教育发展规划

自觉把城乡教育一体化发展纳入各级政府城乡一体化发展总体布局中进行谋划,通过教育目标责任书制度,在配置教育资源、改革教育体制机制和构建保障体系等方面充分发挥主导作用。2010年10月,苏州市委、市政府专门出台了《关于加快实现城乡教育一体化现代化的意见》,其核心要求是以教育管理的"六个统一"实现城乡学校的"六个一样",以此推进城乡公共教育服务均等化。2011年5月,依照市委、市政府上述战略部署,苏州市教育局、苏州市政府教育督导室在全市开展"城乡教育一体化示范区"评估验收,并制定了《苏州市城乡教育一体化示范区评估验收标准》,引导各地规范地、有序地推进区域城乡教育一体化工程。

## (二) 强化区域联动，实现城乡教育一体化的同频共振

牢固树立全市教育"一盘棋"的思想，不断打破区域、城乡、校际界限，在加强顶层设计、统筹规划的基础上，更加注重通过以评促建的方式，鼓励县域因地制宜、先行先试、创造经验。太仓市借鉴企业"输出管理"模式，加强城乡学校的一体化管理。该市实验小学托管九曲小学、直塘小学，从"文化融合"切入带动两所相对薄弱的乡镇学校快速发展，成为全省乃至全国学校共同体建设的一个样本。苏州工业园区率先通过达标升级工程，把15所由乡镇负责管理的中小学全部升级为区属学校，真正让区内农村学生和城区学生一样享受到优质教育资源。

## (三) 依托学校自主，将城乡教育一体化发展落到实处

充分发挥学校办学的主动性和积极性，通过城乡学校结对发展、推进名校集团化发展、建立学校共同体、实行委托管理等模式，促进优质教育教学资源共建共享。加大义务教育学校校长、教师合理流动力度，促进师资均衡。张家港市政府出台了系列文件，规定45周岁以下义务教育阶段教师，原则上要进行交流或支教；城区义务教育阶段优质学校每年到农村薄弱学校交流的教师人数不少于教师总数的5%，镇中心校和市镇小学到村校支教的教师人数不少于教师总数的20%；推行组团式支教，凝聚优秀教师团体集体智慧；建立骨干教师服务期制度，评选骨干教师、晋升高级职务，必须有2~3年以上农村学校工作经历；按照城镇骨干教师奖励金的双倍标准奖励考核合格的农村骨干教师。

## (四) 倡导社会参与，形成城乡教育一体化的强大合力

大力扶持民办幼儿园及义务教育学校，保障所有适龄儿童入学机会公平。鼓励社会和个人投资兴办农村职业教育，为城乡一体化发展培养更多的技能型人才。2013年，苏州市共有各类民办园（校、院）257家，在校生21万人，非学历教育培训机构453家（教育行政部门审批），在学人数达27万人。同时，苏州市教育局委托第三方开展苏州市义务教育阶段学生学习生活情况和基础教育满意度评估，以促进城乡教育质量同步提升。

# 三、"教育第一"引领苏州城乡一体化的发展愿景

苏州的城乡教育一体化为苏州城乡一体化建设发挥着重要的引领和保障作用，也积累了一些颇有成效的经验。不过，随着新型城镇化战略的贯彻落实，苏州城乡一体化在优化配置城乡教育资源、保障外来人口子女平等接受教育、深化教育体制机制改革、促进农村青少年全面发展等方面又面临了许多新的挑战。

我们将按照党的"十八大"提出的"努力办好人民满意的教育"这一要求，认真落实国家、省、市中长期教育改革和发展规划纲要确定的目标任务，以建设苏南教育现代化示范区为契机，深化综合改革，推进转型发展，加快城乡教育一体化进程，为城乡一体化和新型城镇化建设提供强有力的人才支撑。

## (一) 苏州新型城镇化的发展愿景

我们认为，苏州的城镇化总体上已经进入成熟阶段。

从世界城镇化发展历史看，城镇化率在20%以下为起飞阶段，发展较慢，20%～60%为加速发展阶段，60%以后，城镇化进入成熟阶段。国际上一些已经完成城镇化的国家，其城镇化率并不高，2005年，芬兰、奥地利、希腊的城镇化率依次为61.1%、66%、59%。

从苏州城镇化水平看，2005—2012年，城镇化率上升了8.8个百分点，年均上升1.26个百分点，但与1990—2004年年均增长2.74个百分点的速率相比，增速明显放缓，且"逆城镇化"这种西方国家城镇化高级阶段出现的现象也已经在苏州悄然显现，近年苏州还出现了农村户籍人口增加的现象。

从苏州城镇化的动力看，城市经济理论研究表明，城镇化的发生与发展受到三大力量的推动与吸引：农业发展、工业化和经济服务化。随着城镇化进程的深入，这三种力量依次处于主导地位。工业化是改革开放以后苏州城镇化的主要动力，近年苏州已进入工业化后期并向后工业化转变，工业化对城镇化的拉动作用逐渐变弱，而服务业对城镇化的拉动尚处于蓄积期。

从苏州的资源环境看，苏州城镇化规模的扩张已经受到资源环境的瓶颈制约。仅就土地而言，目前苏州已出现可用地面积与可用地指标双短缺状况，城市扩张的空间有限。2010年，全市建设用地占比为27.5%，如扣除大型湖泊水面，这一比例高达38.4%，是全国平均水平的5～7倍。按照户籍人口计算的人均耕地面积只有0.53亩，按照常住人口计算更是不足0.32亩，远远低于联合国粮农组织确定的人均耕地0.8亩的警戒线。

综上所述，苏州的城镇化进程已经到了一个拐点。在现阶段，迅速扩大规模，大幅提升城镇化率，既不应该，也不现实。当然，这并不表明苏州的城镇化可以就此打住。我们目前只是走过了人口城市化纳瑟姆曲线的上升通道，完成了城镇化以数量为主的初级阶段。作为经济社会发展相对较快的地区，苏州应当按照科学发展的要求，走更加注重提升产业层次、更加注重优化城市功能、更加注重城市价值观和城市精神的构建与认同、更加注重城乡一体发展、更加注重生态文明建设的新型城镇化之路，着力推进苏州城镇布局网络化、产业高端化、功能高级化、建设集约化、管理精细化、环境生态化、城乡一体化，致力使苏州成为长三角城市群副中心、世界高科技制造与研发重镇、国际著名的旅游度假胜地和文化名城。

## (二) 苏州教育城乡一体化的发展愿景

**1. 加强规划引导,构建科学合理的城乡一体化结构**

进一步加强城乡一体化的科学规划,构建适应城市经济格局的城市教育空间结构,形成与城市化水平相适应的教育发展规模、结构和体系,以教育布局优化来促进城乡一体化发展。抢抓新型城镇化建设机遇,按照就近入学的原则,鼓励和推动各级政府进一步完善以常住人口为准的教育服务体系,按照人口动态监测情况及早布局教育资源,并通过财政拨款、设备添置和教师配置等向农村学校倾斜,优质数字化教育教学资源向农村学校全覆盖等途径,全力办好老百姓家门口的学校,使学校建设与社区建设相协调,人人基本享有同等的教育资源和服务。

**2. 推进教育制度创新,破除城乡一体化发展的制度障碍**

进一步推进教育制度创新,提高教育服务经济社会和城市发展的水平,以体制机制创新来促进城乡一体化发展。推动教育治理体系和治理能力现代化,改变政府的包揽包办,大力发展民办教育,提升外来民工子弟学校的质量,并通过购买学位、购买服务等方式提供公共服务。积极鼓励社会公益组织举办非营利性公益学校,多种渠道、多种模式扩大优质教育资源。扩大社会合作与参与,健全社会支持和监督学校发展的长效机制。积极推动义务教育学校校长、教师,尤其是名优校长、教师的合理流动。

**3. 整合各类教育资源,夯实城乡一体化发展的社会基础**

大力挖掘整合校内校外各类教育资源,开展青少年素质技能教育,以青少年综合素质提高来促进城乡一体化发展。积极实施立德树人工程,以学校教育为主阵地,为提高青少年的科学文化素质和思想品德素质提供全方位服务。大力发展教育实践基地、乡村少年宫等校外教育平台,为青少年提供优秀的精神文化产品和文化服务,着力提升青少年核心素质技能。加强对青少年卫生、营养、保健、心理等方面的指导和保障。

**4. 加强农民教育培训,强化城乡一体化发展的智力支持**

努力提高新市民的文化素质和就业能力,使他们充分地、公平地享受城市文明,以实现"人"的城市化来促进城乡一体化发展。遵循对农民实用、对农村建设有实效的要求,大力发展农村职业教育,努力培养一大批农村科技致富带头人。要加强对农村未升学的初中、高中毕业生的教育培训工作,加强农村的人才储备。加强对农民工的心理辅导、技能培训和创业培训,注重提高实用技能和就业能力。

**5. 大力发展继续教育,完善城乡一体化发展的教育保障**

完善终身教育体系,满足教育需求的个性化和多样化,以健全的"大教育"格局来促进城乡一体化发展。大力发展社区教育、家庭教育和老年教育,并依托苏州开放大学,构建广覆盖、多形式、更便捷的终身教育体系,大力建设学习型城市和社区,使整个社会"要学"、使人一生"在学"。强化教育的文化传播、科学普及等功能,促进经济、科技、教育事业紧密合作和协同发展,进一步提高公众科学素养和人文素质。

**6. 重视文化教育引领,形成城乡一体化发展的文化自觉**

加强对农村青少年传统文化的教育,提升农村青少年的"文化自觉"意识,以农村青少年的乡土认同来促进城乡教育一体化发展。在全球化、信息化的背景下,越来越多的农村青少年在现代性因素的渗透下,不断丧失对乡村文明、传统文明的认同。我们要树立"文化自觉"的意识,增强农村青少年、对传统文化、乡土文明的认同。如此才能有利于农村青少年内心世界的平和与宁静,新型城镇化进程也会因此而更加从容与稳健。

文章架构
一、促进上海城乡教育一体化发展，缩小城乡教育的差距
二、通过制度性架构，解决随迁子女的就读问题

主要观点

　　教育一定是与地区经济社会特点相匹配的，由于历史的原因，上海城区和郊区发展存在差距。城区拥有长期文化积淀和大多数传统悠久的品牌学校。城乡教育的差距，主要不是在教育的硬件设施上，也不完全是经费上的，主要是教育资源量和质的差距。城乡教育一体化过程中主要是针对教育质量、学校文化建设中间的差距。因此我们必须把中心城区优质的学校资源辐射到郊区。

　　随迁子女就读问题，在大城市反映特别强烈。这个问题从根本上说与我们国家城乡之间、区域之间就业机会以及社会福利制度的巨大的差异密切相关。这个问题绝对不仅仅是教育政策层面的问题，也不是仅仅决定"是不是开放、是不是准许"就可以解决的问题。它要以人口管理制度为基础，需要一个系统性的制度设计，要靠一系列政策配套推进。

关 键 词

● 城乡二元体制　● 公共服务　● 教育差距　● 人口管理　● 随迁子女
● 入学

# 上海城乡教育一体化发展战略和随迁子女就学制度

———— 尹后庆 ————

男,国家督学、教育部基础教育课程教材专家工作委员会副主任委员、上海市教育学会会长。同时担任华东师范大学、上海师范大学兼职教授,教育部人文社科重点基地——基础教育改革与发展研究所兼职研究员。1980年起从事教育行政管理工作,历任上海市教育局普教处副处长、办公室主任,上海市教委基础教育办公室主任、督导办主任,浦东新区社会发展局局长,上海市教委副主任。出版《见证变革:站在上海基础教育转折点上》,主编《现代学校发展创意设计:方案与评论》《为了每个学生的终身发展:上海市中小学实施素质教育新探索》等论著10余本。

我们国家幅员辽阔,各地经济、社会发展水平差异很大。上海作为我国东部沿海地区的城市,只有6 300平方公里土地,土地面积很小,只占国土面积的0.06%,所以上海在城镇化的背景下面临的问题和矛盾可能与其他地方不太一样。从上海来讲,常住人口已经达到2 400万,人口的快速增长与城市承载力之间的矛盾就显得非常突出。另外,从上海自身的发展来看,即便面积只有6 300平方公里但也有城区和郊区,从教育公共服务均等化的角度,也会有自身需要解决的问题,就是大力提高郊区教育水平。

我主要讲两个问题。一个是上海城区和郊区农村教育之间的差距如何缩小,这个差距现在反映在什么问题上,有什么办法去解决。可能上海的郊区农村跟全国其他地方农村很不一样,上海郊区农村人口集聚程度较高,而且经过多年的发展,经济社会总体发展水平也比较高。但是不管怎么样,毕竟和城市有差距,虽然这个差距可能跟全国的城乡差距比起来会小一点,但是毕竟还有差距。上海的问题与长三角、珠三角、北京、天津的问题比较相似,其他地区则情况不一样。另外一个是随迁子女就学问题,上海的随迁子女就学问题与部分地区相比,有它的实际情况,矛盾和困难还比较大,我们现在正在试图通过制度性的架构来解决这个问题。

## 一、促进上海城乡教育一体化发展,缩小城乡教育的差距

上海城乡一体化发展有一个历史过程,上海是中国历史上近现代城市文明水平发展比较高的地方。1958年前,上海市域范围仅300多平方公里,作为我国的工业中心,承担了非常重要的任务。1958年,中央为了保障上海城市的服务功能,把原属江苏省的10县划给上海,使上海市域面积达到6 300平方公里,这奠定了地域内城乡二元结构发展格局。改革开放以后,城镇化步伐加快,上海城区从300平方公里(改革开放初期完全城市化的地方只有140平方公里)增加到700平方公里(城区周边还有比较发达的城郊结合部,还有经济发展水平较高的新城)。20世纪90年代以来,上海注重转变城市功能,围绕城乡一体化发展,疏解中心城的人口、产业,同时提高郊区的实力和水平。在这样一个过程中,中心城规划上有一个"双增双减"(增绿地、增公共空间,减建筑高度、减建筑容积率)。上海中心城区平均每平方米所承载着的建筑面积已经超过香港、东京,中心城区建筑高度密集。同时对郊区提出了"三个集中"的要求,即农业向规模经营集中、工业向园区集中、农民居住向城镇集中。上海只有6 300平方公里,假如从生态上来说,40%的建设用地是土地开发警戒线的话,上海现在还没有开发的土地只有280平方公里,如果开发完就没有地方开发了,只能"腾笼换鸟"。巴黎、伦敦建设面积只占城市的29%到30%,我们已经接近40%!所以从这个角度讲,整个上海开发空间极其有限,因此,上海接纳外来人口的容量就极其有限。

推进城乡一体化发展,上海在郊区集中推进分层次的中心建设:9个新城,60个左右新市镇,600左右中心村建设,把居民集中到这些地方,不断提升居民的居住和生活水平,构建一个城乡一体化的发展格局。

从城镇化率角度讲,上海已经接近90%,远远超过我们国家平均城镇化率。郊区已经成为上

海新世纪发展经济的主要增长极、主要的人口聚集地区。上海现在是17个区县,有8个中心城区,其他就是郊区,有近郊或远郊。改革开放初期,中心城区基础教育学校占了整个上海60%,现在倒过来了,中心城区8个区学生只占上海学生30%,70%的中小学生在郊区。这就有一个反差,上海拥有长期文化积淀、传统悠久的品牌学校主要集中在城区,因此我们必须把中心城区优质的学校资源辐射到郊区,特别是在郊区人口占比不断提高的情况下。

现在城区主要发展服务业,比如上海正在全力建设亚洲金融中心,从金融中心、从服务业发展的角度来看,上海应该有强大的辐射力。上海的"二产"比如大飞机、大电机等高端的制造业还是有很强大的实力,这些产业主要集中在郊区。按照这样的布局我们教育公共服务跟北京一样产生了反差。在发展规模方面,城市用地人口达到了极限,面临着资源环境的约束;在功能布局方面,城镇产业发展还不够协调,工业用地过大,影响城市品质和功能提升;在空间体系方面,连绵化一体化趋势明显,但是城市化体系化结构还没得到体现。

在这样情况下,我们来思考上海的教育。教育一定是与上海地区上述城镇化特点相结合的。1993年,上海率先普及九年义务教育,1997年普及高中阶段教育,同时普及了三年学前教育。2014年,上海17个区县义务教育均衡发展全部通过教育部督导认定,总体教育发展水平较高。但是城乡还是有一定的差距,这个差距主要体现在这些方面,第一个是30%和70%的关系,最优质的资源集中在城区,城区服务人口现在却下降到30%以下。人民群众对优质教育需求迅速增长,优质资源相对稀缺特征还是比较明显。"相对稀缺"当然是相对本地情况来讲,相对人民群众需求来讲。上海教育均衡程度不仅在中国,在国际上还是好的。大家都知道上海两次参加PISA测试的结果,在阅读、数学、科学领域都是65个国家地区的第一名。PISA测试把所有参加学生分成6个等级,最低等级是一级,一级学生上海比例只占3.8%,OECD国家平均数占23%,上海底部学生比例远远少于国际平均水平。我们教育均衡程度比较高,各个国家的教育专家到上海来看,看了以后感觉确实是比较高。不是说所谓"牛校",我们普通学校里的教师教学水平比较高。特别是《世界是平的》的作者弗里德曼跑到上海,看了居民小区里的公建配套学校,这个学校40%左右是农民工子女,年轻的老师平均年龄只有32岁左右,感觉到学校教学水平比较高。所以从这个角度来讲,一方面经过改革开放30多年的努力,上海基础教育靠我们大量的普通的学校、普通的老师通过提高教学水平,已经抬起了上海教育基准线,均衡发展水平已经比较高了。但是同时,与本地市民期望的教育还有差距。另外是郊区教育发展承受着人口聚集的压力,现在城市居民买房买到原来的郊区,像北京买到五环外面。另外,本地农民进城,外地人口集中,不会集中到中心城区,居住成本太高,大多也集中到城郊接合区域。这两个方面的原因都造成了郊区学龄人口比例逐年上升。因此我们采取很多措施提高郊区水平。上海提高郊区教育水平不只是政府给钱盖房子,然后派一定学历水平的老师去任教,这些问题已经得到基本解决。虽然现在还要盖房子,但是总体不是盖房子的问题。整个教育的差距主要不是在教育的硬件设施上,也不完全是经费上,主要是教育质量。因此城乡差异主要表现在这样两个方面,一是城区郊区人均教育资源量的差异,比如我刚才已经讲城区学生只占30%,郊区占了70%,但是学校量,郊区只占64%,量还缺一点。更重要的是，因为历史原因，最优秀的学校集中在城区，城区的教育水平相对比较高，而郊区学校管理和教学比较粗放，教育品质同城区有一定差距。

我们在城乡教育一体化过程中间主要是针对教育质量、学校文化建设中间的差距，当然我们还要考虑到城乡一体化过程中大量外来人口的涌入，同时在今天情况下如何统筹城乡教育转型发展的问题。

关于城乡教育一体化的主要措施。在资源配置均衡方面，主要两个措施，一是以常住人口为基数配置教育资源。上海现有人口2 400万，户籍人口只有1 400万，非户籍人口接近1 000万，因此教育资源配置千万不能仅仅按照户籍人口配置，按照户籍人口配置要出大问题，因此明确以常住人口为基础配置教育资源，这是政府面对今天人口流动的背景调整教育政策的重要的出发点。另外，市级财政实施了三个统筹，这主要是统一下达每一个区县必须拿出多少钱来办教育。在这个下达以后，再统筹市级财政向区县财政转移支付的数量，区县财政收入比较少，但是教育投入已经非常努力、教育负担又比较重，市级给予区县更多的财政转移支付。第三个是统筹少数经济发达的中心城区部分的教育资金支持郊区。

另一方面关键是提升学校的品质，我们采取很多措施。最近几年最重要的措施是推进市中心的示范性高中或者优质的学校到郊区办分校，比如上海中学、交大附中、复旦附中、格致中学、向明中学，办分校一定是同总校捆绑在一起考核教育质量，不是派一个校长出去，而完全是作为一个全部责任交给原来的学校来办学，绝对不只是挂一个牌子，而是同一个人承担两个法人单位的法定代表人。我们想在今后一定历史阶段能够在郊区形成一批最优质的学校。另外一种是形成团队出去承办。我们用了农村义务教育学校委托管理机制，这个办法我这里要多说一点，我们原来所谓的办法就是支教，派城市优秀教师出去，你去了一年只解决一个班级，你回来这个学校又回到原来状态。所以我们采用教育机构同政府签订契约的方法：所有的政府责任，包括政府拨款责任都不变，但是学校管理权，通过契约方式转移给一个教育管理机构，这个机构可以是民间机构，也可以是公办或民办学校。但是作为公办学校，所在的区县如果要支持这个事情要多给学校增加几个编制。采用这个办法把农村学校委托给一个机构管理，把学校管理权转移到委托的机构，并委托第三方进行评估。这个方法比较快地把城市学校较优质的文化和管理向郊区农村学校辐射，从"输血"慢慢变成"造血"，移植一个学校的管理文化，使得一个学校整个管理机制能够发生改变。我们已经进行了四轮，大概有上百所农村义务教育学校通过委托管理方式改变了面貌。

第三个是完善城区教师支持郊区的倾斜政策。在这里我说的上海城乡教育一体化重要的是提升它的内涵，而不仅仅是经费、校舍的问题，可能跟上海教育发展阶段性有关。因为我们现在内涵提升主要是从三个方面，一是从城区到农村整体推进课改，把课改作为今天教育改革的引擎，着力建设满足师生需求的课程。二是把学校看成教育改革发生的策源地，着力促进学校主动变革。这种改革已经不是给一点经费就行了，一定是城区优秀的老师在真实教育环境里带动郊区的学校发生变革。三是把评价作为教育改革的重要突破口。

## 二、通过制度性架构,解决随迁子女的就读问题

根据第六次人口普查数据,全国进城务工人员总量已达 2.6 亿。我们做过很多次调查,确实还有一部分是流动的,还不是在城市里稳定居住下来的,当然也有相当部分已经是本地居民了。上海这个城市是一个老龄化的城市,本地户籍 60 岁以上人口已经到了 25%,马上要到 27%。这仅是本地户籍人口情况,还没把外来人口算在里面,外来人口算在里面老龄化程度就降低,但是同时 6 300 平方公里和 2 400 万人口又显得太多了。当前,上海人口结构是有一定问题的,0～14 岁的孩子在 2 400 万人口只占 7.8%,全国平均 18%,全世界平均 24%,上海 0～14 岁人口比例已经远低于全世界平均数,户籍人口好多年负增长。一方面,城市人口出生率偏低,另一方面城市承载能力又不能容纳大量外来人口,这是非常矛盾的。

第二个我们考虑义务教育法,国务院转发的关于义务教育以后随迁子女在当地升学考试的意见,这是一个很重要的依据。在国务院转发意见里面,还是考虑到北京、上海这样的大城市的实际情况,要求我们可以根据城市功能定位、城市资源承载能力,根据进城务工人员在当地的合法稳定职业、合法稳定住所(含租赁)和按照国家规定参加社会保险年限等设置条件,这给了我们一个从实际出发处理问题的权限。

第三个是国家人口战略,大家知道,习近平总书记在 2013 年 7 月下旬的中央政治局常委会会议上关于当前经济形势和经济工作的讲话中,将人口问题列为具有全局性影响的三个重大问题之一。三中全会决议里非常明确提出要"创新人口管理,加快户籍制度改革,全面放开建制镇和小城市落户限制,有序放开中等城市落户限制,合理确定大城市落户条件,严格控制特大城市人口规模"。

我们怎么考虑这个问题?我们感觉随迁子女就读问题,政府要以人口管理制度为依据,我这句话是说不能所有责任都由教育承担,什么条件都由教育设计、教育审核,教育没法审核。随迁子女就读权益保障问题虽然反映在教育层面,是不是准许就读义务教育,或者允许不允许就地参加中高考,但本质上是综合性的社会管理问题。是在人口流动大背景下,以户籍制度为依据的提供公共服务的办法面临的严峻挑战,政府及其各个部门要共同来承担破解难题的责任。上海市专门成立一个研究和工作团队研究此事,涉及到政府各相关部门。

这个问题在大城市反映特别强烈,从根本上说与我们国家城乡之间、区域之间就业机会以及社会福利制度的巨大的差异密切相关。因此这个问题绝对不仅仅是教育政策层面的问题,也不是仅仅决定"是不是开放,是不是准许"就可以解决的。原来制定的政策说,如果随迁子女九年义务教育都在流入地上就得让他们上高中,上了高中就能上大学。我说这样不行,采用这样政策,上海、北京小学一年级人数就立马会显著增加。我们当时提出,既然是随迁子女,就读条件一定要落实到监护人身上,监护人要在流入地稳定居住、稳定工作,根据父母是否具备条件来考虑孩子可否就读。所以它是一个系统性的制度设计,要靠一系列政策配套推进。我们的理由就是推进这个工作,面临的主要困难光靠教育不行,因为没有比较完善的进城务工人员管理制度做依据,教育没办

法区分哪些人应该给予教育公共服务的保障,哪些可以不给予保障,因为教育公共服务,特别是中高考,是依附于现有户籍制度上的最重要的一块福利。在依凭制度没有有效建立之前,如果我们随便开放中高考,会带来更多的人口迁入北京、上海这样的城市,后果是非常严重的。如果仅以学生在大城市的就学时间作为依据,一种新型的"高考移民"现象和福利型人口导入不仅无法避免,而且还会出现"高考移民"提前的现象。因此要想稳定有序推进随迁子女教育权益保障工作,必须先建立和健全进城务工人员管理制度。

我们认为政府公共服务向谁提供,一定是要根据进城务工人员在流入地的工作和贡献情况来看。美国是用税收制度判定的,也是根据监护人的纳税情况判断其子女是否在当地享受公共服务,我们国家没法把公共服务架构在税收制度上。对于根据监护人的情况判断随迁子女是不是可以享受教育公共服务,有人讲这是"拼爹",我们认为这个说法既对又不对。的确,随迁子女能否享受义务教育要依据其监护人的状况,因为我们现在城乡差别很大,无条件开放一定对特大城市是毁灭性的影响,对城市安全管理运营都会带来严重问题。但是简单归纳为"拼爹",说得也并不准确。

如果这个观点大家同意以后,怎么设计制度呢?首先要建立一个居住证的管理制度,在居住证管理制度基础上建立一个积分管理制度,同时建立灵活就业的登记制度。办理居住证,要求你在正规企业就业,缴纳社会保险。但是,我们社保制度没有面对所有的就业形态。还有一些灵活就业人员,譬如,家政人员、自雇型的个体户等,制度设计上他们不能交社保。按照你交社保情况可以申领居住证,就可以在上海享受义务教育。那么灵活就业怎么办?灵活就业有太多就业形态,我们现在谁也说不清楚有多少种,但是我们感觉灵活就业往往与一个城市老百姓生活密切不可分,现在我们暂时确定了五种(家政、医院护工,工商局登记的自雇型的个体户,农业合作社里种地的、居家养老服务人员)灵活就业允许登记,登记以后提供给义务教育。这两个制度解决义务教育问题,义务教育以后要考高中、大学。接下来第三个制度,居住证积分管理制度,你领了居住证以后可以积分。积分制度就比较复杂了,年龄、教育背景、专业技术职称、技能、交纳保险年限等都是积分的依据,特定的公共服务领域还可以加分。这个制度还好在什么地方呢?好在第一线工人有可能进入这个制度里。

上海积分管理制度分不同类型人员都可以积分。积分最早是广东搞的,广东搞的制度香港批评说是富人政策,具有一定地位和收入才能拿到积分,真正农民工拿不到,所以说是富人政策。

实际上,积分管理制度既起到管理作用又起到引导作用,上海考虑到了不同类型人员有不同积分。比如你是一个农民工,引导他到我们城市急需的行业去,引导他去学技术,不光是博士、硕士文凭,技术工人也可以积分,上海有特定的领域,比如说环卫工人就可以加分。年龄是可以加分的,比如25岁的人到上海跟55岁到上海加的分就不一样,上海要调整人口结构,所以它这个政策是有一定的原则。比如上海造船厂行业里边电焊工人凡是高等级的电焊工人,可能分数一加很容易就达到120分,相对积分制推广以前有人才引进的制度,人才居住证基本讲学历,或者讲一点技术职称。现在这个积分制是可以从最普通的工人开始。我曾经按照它的积分设计去计算,假如说

18岁的职校毕业生到上海,如果他是从事上海特定公共服务领域,大概到34岁可以加到标准分值,如果18岁进来到34岁,小孩还没有到上高中的年龄。有了这个制度,我感觉还是比较好的,既能有依凭、有秩序地提供公共服务,能够体现政府公共服务向户籍以外的人员提供,也能够控制好城市人口。我们现在标准分值是120,未来当然还可以调整。这个制度从今年开始在推出,2014年按照这个制度参加中考的有1 700多人。但是我们现在不想多宣传,因为现在整个社会不太理性。你说上海为外来人口提供更多更好公共服务,上海本地居民会上访;如果没有好好提供公共服务,外地人员会上访。所以面临调节两方面的群体矛盾,我们要避免族群对立。政府应该保持公共理性,正确选择政策,在现有政策框架下做这件事,我们不想引起社会过度的关注。这两天网上在炒7个律师向市教委提供一份意见书,说我们这个做法是侵犯了人权,让我们改正等。这份意见书还没送到市教委网上就炒作了,其实政府确定政策只能在现有框架、现有法律法规范围里面,同时在经济文化社会教育发展提供给我们的条件下决定公共政策,而不是超越我们现有的条件。我也感觉我们这个政策不是非常完满的,但是在现阶段,在应对人口向城市流动的背景下促进有序的人口流动、在保持人口快速增长与城市资源承载能力矛盾之间选择一个比较好的策略,我们就此而已。

  不能考高中的人怎么办?可以在我们上海上中职,上了中职以后可以上高职,高职高专毕业以后可以专升本。如果一个政策引起更多的人由此到上海,这个政策就是失败的政策。我们制订这个政策是要为在上海工作的人提供更多的公共服务,而不是引导更多的人来上海。

  这个政策既是为合法稳定工作和合法稳定居住的进城务工人员的随迁子女提供更好的服务,也充分考虑城市承载能力和基本公共服务方法对本市人口规模的传导效应。这是我们的基本出发点。

文章架构

一、问题提出：市民化教育的迫切性
二、目标聚焦：市民化教育内涵和路径的探索
三、制度保障：新型城镇化背景下的管理改革与创新
四、资源整合：社区教育、家庭教育与学校教育资源的融合互通

主要观点

市民化教育是新型城镇化进程中农民市民化工程的一项艰巨而迫切的时代使命。从广东佛山城镇化历程来看，农民市民化进程经历了三个方面的递进式和并进式发展，一是经历就业创业的非农化和生活居住的城市化，促进农民职业的转换；二是经历基本公共服务的城乡一体化覆盖和常住人口的覆盖，促进农民身份的转换；三是经历市民化教育，促进农民思想、素质和能力的转变。没有经历市民化教育的农民市民化是不彻底的、无法实现现代化任务的市民化。佛山积极通过目标聚焦（外来农民工的市民化和产业社区的新市民教育；本地农民的市民化和农村社区的新型市民教育）、制度保障（强镇扩权改革，管理重心向镇街下沉；社会管理改革，管理权限向社会外移）、资源整合（实现社区教育、家庭教育与学校教育资源的融合互通），探索出一条符合新型城镇化需要的农民市民化教育道路。佛山的做法和经验对于新型城镇化进程中的农民市民化建设具有启示和借鉴意义。

关　键　词

● 新型城镇化 ● 农民市民化教育 ● 佛山实践

# 新型城镇化进程下市民化教育的"佛山探索"

## 舒 悦

教育学博士,研究员,佛山市教育科学研究所所长。广东省"五一"劳动奖章获得者,佛山市第二届创新领军人才。教育部中小学教育督导专家,广东省教育督导学会常务理事及其教育政策和评估专业委员会副理事长,广东省教育学会教育现代化专业委员会副理事长。独立主持1项和主要参与1项教育部全国教育科学规划课题,独立主持2项和主要参与1项广东省教育科学规划课题,主要参与1项广东省人民政府重大咨询课题。出版有《美国中小学校学习共同体组织文化探究》《区域教育现代性增长研究》等专著。

新型城镇化的核心是人的城镇化,解决好人的问题是推进新型城镇化的关键。让所有人口,无论居住在城市还是农村,都能同等享受基本公共服务和现代城市文明生活,同等具备现代公民素质,是新型城镇化的核心任务。2013年12月,中央城镇化工作会议提出了城镇化建设的"六大任务",把推进农民市民化作为六大任务之首,会议指出农民市民化不是让所有的农村人口都迁移到城市,而是要以人为本,推进以人为核心的城镇化,提高城镇人口素质和居民生活质量。对于广东佛山这样的发达的制造业城市来说,人的城镇化、农民的市民化主要指向本地农村社区居民的市民化和外来进城务工农民的市民化。只有这两大人群真正成长为现代市民,新型城镇化目标才能确实达成。针对这两类人群的市民化开展的教育,具有重要的现实意义和战略价值,佛山为此展开了积极的实践探索。

## 一、问题提出:市民化教育的迫切性

农民市民化是一项复杂的经济社会发展系统工程,"它不仅仅是农民社会身份和职业的一种转变(非农化),也不仅仅是农民居住空间的地域转移(城市化),而是一系列角色意识、思想观念、社会权利、行为模式和生产生活方式的变迁,是农民角色群体向市民角色群体的整体转型过程(市民化)。"[1]农民市民化,从变迁形态来讲,主要包含了生产方式上的非农化(职业转换)、生活方式上的城市化(居住转换)和角色地位的市民化(身份转换),最终落脚点是现代观念意识、现代精神价值、现代思维和行为的市民化(思想行为转换);从具体任务内容来讲,主要体现在创业就业问题的解决、城市基本公共服务的覆盖、现代市民教育的实施。农民市民化比较理想的过程是农民的职业转换、居住生活的转换、身份权益转换和思想行为转换的四位一体推进,但在实际发展过程中,它们却表现为一种特有的时序模式,往往是先有职业变化,再有居住生活的变化,最后才是市民化的核心——身份权益的获得和现代市民意识和行为的获得,并且彼此之间的发展也很不平衡。

市民化主要任务,表现在物质形态上,就是解决农民的创业就业和居住生活问题;表现在制度形态上,就是解决制度和政策上的约束,实现基本公共服务的均等化,使农民同等享有市民待遇,真正获得市民身份;表现在社会文化形态上,就是破除农村落后的文化传统和社会价值观的影响,使农民在观念意识、精神文化、思维行为方式上真正成为现代市民。因此,当我们在逐步解决市民化过程中的农民创业就业、居住生活以及基本公共服务问题的时候,却突然发现,农民的现代思想意识、精神价值观和思维行为仍然停留在传统农业时代,市民化可能还有一段漫长的道路要走。市民化教育成为当前市民化的核心问题和任务,是新型城镇化进程中一项艰巨而迫切的时代使命。

广东佛山位于珠三角腹地,是改革开放前沿,中国制造业名城,中国历史文化名城和全国文明城市,土地面积3 800平方公里,常住人口805万人。按照工业化进程阶段理论,佛山已进入后工业化初期。"十一五"时期,佛山生产总值五年实现"三级跳",连续突破3 000亿元、4 000亿元、

5 000亿元大关。2014年,全市实现地区生产总值7 603.28亿元,人均地区生产总值103 825元,财政总收入1 579.01亿元,已达到世界中等收入水平。经过30多年的改革开放,佛山经历了集聚、快速的城镇化过程,近年来佛山对产业转型、城市转型和环境再造所做的努力,为佛山新型城镇化创造了优越的经济环境;大力推进机构改革,率先实施区大部制改革、镇(街)简政强镇事权改革,为佛山新型城镇化营造了更加优良的政务环境。佛山市民享受到城镇化的巨大红利,住房、教育、社保、医保、交通等公共服务水平得到很大的提升,《中国城镇化质量报告》显示佛山城镇化质量排名第5位。但是与此同时,佛山在新型城镇化道路上也积累了很多的问题,"首先720万常住人口中,有360万外来人口,其中又有130万人外来务工人员,这些务工人员在很大程度上还没有完全享受到城镇化红利。其次,佛山城镇化率虽已经达到80%,但是实际上很多本地的农民只是身份上做了改变,而他们的生活方式以及对村居的治理方式还停留在比较传统的阶段上,很大程度上,这种村居的治理还带有家族的方式"。佛山推动新型城镇化的深入发展还有赖于下列问题的解决:"外来务工人员本土化问题,原有村居治理模式转变的问题,原来村民身份转变问题,以及生活方式转变的问题,环境加速治理的问题",等等。[2]

从佛山城镇化发展历程来看,市民化在经历了就业创业的非农化、生活居住的城市化之后,迎来了更艰巨的挑战和历史重任——释放城镇化的红利,实现基本公共服务的城乡覆盖和常住人口的覆盖,实现农民身份的转换;开展市民化教育,推进人的城镇化,使农民真正成为现代新市民。经过近几年的努力,佛山着力加大民生幸福工程建设,基本实现基本公共服务的城乡一体化,和基本公共服务对异地务工人员的覆盖。以教育为例,佛山已基本实现城乡教育一体化和教育基本公共服务的常住人口覆盖。2013年佛山被评为广东省首个推进教育现代化先进市,2014年全市五区在全省率先通过国家义务教育基本均衡区督导评估,实现广东省公办义务教育标准化学校的城乡全覆盖、中等职业教育免学费的城乡全覆盖,实现普通高中优质学位的100%,中等职业教育优质学位的90%,实现15年特殊教育学费的全免费。尤其是妥善解决外来务工人员就学升学问题,佛山义务教育学校外来务工人员随迁子女达33.97万人,其中24.31万人就读公办学校,占比71.57%,工作成效居全省乃至全国前列。因此,当前的佛山市民化所面临的任务,就是在进一步释放城镇化红利,不断提升基本公共服务水平的同时,加大力度实施市民化教育,在文化生活领域完成从传统农民到现代市民的转换。

## 二、目标聚焦:市民化教育内涵和路径的探索

市民化教育的主要对象是农业转移人口,包括了不再从事传统农业活动的本地户籍农民和外来农民工。市民化教育的主要内涵是农民社会文化属性与角色内涵的转型,解决农民在市民化过程中的思想观念、行为方式转型问题,现代市民素质获得问题、平等享受城市社会权利的问题,以及提高生活质量和社会普遍参与的问题。市民化教育的目标是帮助市民化的农民改变传统的人生态度、价值观念,在思想上走向开放,感情上富有理性,拥有积极的心态和进取的精神,在熟悉并

严格遵守各种规范的同时,能够进行广泛的社会参与,善于维护自身权利和提高社会地位运用法律武器。[3] 要实现市民化教育的上述任务,必须探索一条符合新型城镇化需要的市民化教育新路。

## 1. 外来农民工的市民化和产业社区的新市民教育

在佛山,市民化的重要内涵是外来农民工的市民化,这是一个异常艰巨的过程和任务,其主要途径是依赖产业社区推进外来农民工的新市民教育。

佛山外来农民工主要工作和居住在工业园区,大部分在中小企业工作,绝大部分是生产第一线工人,学历低、技能低、收入低是他们的主要特征。外来农民工在职业上是现代产业工人,但在身份上、现代素质和意识上远远没有实现现代市民身份的转换,他们仍然是拿着工人工资的城市里的农民。如何在逐步解决外来农民工享受均等化的城市基本公共服务和同城化待遇问题的同时,更加超前一步,加快解决农民工现代文明素质的培养和提升以及现代职业技能水平的提高,使得农民工在迈入城市的时候首先具备内在的市民素养和市民化能力。让农民工经历和完成自身内在的市民化,这恐怕是市民化进程中最为关键的因子,也是破解农民工市民化难题的关键点。

因此,针对外来农民工的市民化,佛山提出产业社区概念。通过产业社区建设模式推动外来农民工的市民化,以产业社区教育模式开展新市民教育,是一个非常有意义的、具有新型路径价值的探索。

"产业社区"作为政府层面的概念,最早由佛山市南海区在2010年提出,主要是将都市型产业与对企业和企业人的关爱理念相结合。2012年《佛山市"十二五"时期社会建设规划纲要》将"产业社区"的范围扩展到所有工业园区,将产业社区发展为依托和服务特定的产业集群,现代社区管理服务和产业园区有效融合的一种新型产业形态,其主要目标在于完善工业园区的服务配套和生活配套。这种产业形态兼有"产业"和"社区"的双重属性并寻求二者的有机结合,进而对产业升级和社会管理产生共同提升的作用。"产业社区改变了传统产业(企业)聚集区把经济功能作为最重要甚至是唯一的功能,而是将产业(企业)和企业人的成长与发展同时作为地位相当的工作目标。"[4] 产业社区立足产业发展,融企业园区建设与社会管理于一体,对于企业园区大部分都集中在镇街和村居的佛山乡镇经济模式的转型升级,对于镇街、村居就地实现高水平的城镇化、城市化,发挥着很大的作用。佛山的这种做法是贯彻落实中央关于推进新型城镇化战略的特色之举,市民化教育的一种崭新探索。

产业社区服务对象区别于传统社区服务对象,将服务对象从户籍人口转移到流动人口,让产业园区的外来务工人员充分享受到文化、娱乐、生活、消费公共服务资源和服务。佛山"产业社区"以企业员工为服务主体,在生活上、文化上、精神上采取全方位的关怀措施,进而推进同城融入。同时,佛山产业社区建设探索"一社区一策略",力求打造各具特色的"产业社区",坚持多元共建,改变政府"单打独斗"现象,积极整合政府、市场、社会力量,通过与中介组织、社会组织合作或者向它们购买服务,为企业和员工提供专业化的服务,利用社工机构来为企业员工提供专业的心理咨询、心理辅导等服务；另外，还充分发挥企业联盟等作用，推动"产业社区"内部的社会自治。[4]

## 2. 本地农民的市民化和农村社区的新型市民教育

市民化的另一重要内涵是实现本地农村居民的市民化，其主要途径就是在本地农民向城镇、中心社区聚集、就地城镇化背景下，依赖村改居之后的农村社区推进市民化教育。

多年来，佛山持续推进农村改革，通过撤村建居、股份社改革、三旧改造、政社分离等农村综合体制改革大大提升了城镇化水平，通过城乡基本公共服务均等化、提高农民征地补偿、让征地农民参与土地收益分配以及实现征地农民的就业等举措，大大推进了市民化进程。一方面，佛山发达的制造业，给本地农民带来了大量的就业机会，加上较高的政府征地补贴、农村集体产权分红等，使得近年来佛山大部分村居农民收入水平不断提高，物质生活条件比较充裕；另一方面，佛山镇街交通业、商业和服务业的发达，使得农村社区居民在家门口也能较便捷地享受到城市文明生活。更重要的是，城乡基本公共服务均等化的实现带来了城乡趋于一体化的发展，本地农村社区居民已基本实现物质生活上、身份待遇上与城市市民的同步，普遍意义上来说，佛山农村社区居民已是城市市民。然而，这是否意味着佛山已经没有了农民问题呢？佛山制造业的发达，农业土地的日益减少，使得真正从事农业生产的农民数量不多，但是农民问题依然存在，现实仍然暴露出不少问题。物质条件与身份待遇的城乡同步，并不意味着农民成为了现代市民。要真正实现本地农村居民的市民化，绝不仅仅是靠提高征地补偿和土地收益以及简单再就业就可实现的。

农村社区居民没有真正转变为现代市民，造成这一现象的主要因素有：一是农村社区居民自身认识和素质上存在问题。大部分农村社区居民文化程度不高，与富裕的物质生活相比，其精神层面的市民化转变相对较慢。农民虽然失去了土地，其所在村委会也改成了居委会，身份由农民转变为居民，但在其思想观念里还是以农民自居，小农意识浓厚，在生活习惯、行为方式、个人理念、个人素养等方面都与城市市民存在差距。二是农村社区居民自身可持续发展能力上存在问题。佛山大部分农村社区居民尤其是中年以上农民学历以初中为主，学历低，职业技能缺乏，导致其就业质量低，再就业能力弱，可持续发展能力不强。"村改居"后，一批20世纪六七十年代左右出生的农村居民因为各种原因无法继续靠农业维持生计，但这批人由于缺乏其他谋生技能，其收入受到很大影响，而成为需要帮扶的对象。

成熟的市民化应该是就业质量水平高、基本公共服务水平高、现代市民素质高的市民化。当前，佛山在实现基本公共服务覆盖的前提下，让农村居民从社会心理、行为方式上完成向市民的转变，从农业劳动者完成向工业、服务业劳动者的角色转换，提高农民的现代素质和终身可持续发展能力已经成为农民市民化的当务之急，农村社区教育成为佛山推动市民化的重要内容和途径。在"村改居"过程中，佛山构建起市级社区大学—区社区学院—镇街社区学校—村居社区教育中心的四级社区教育服务体系。村居社区服务中心开展常态化教育与服务活动，同时联合职业教育资源实施农村劳动力转移培训、农村实用人才培训等工程，围绕着农民市民化中心任务，着力将村居打造成社区教育共同体，即社区大学、社区分院、乡镇成人文化技术学校以及其他各类学校、行政部门、企事业单位、社会组织、公益机构及乡镇街道等不同个体，围绕市民化教育目标，合理调配和共同享有教育资源的社区教育联盟。其中，南海区探索出的"一二三四五"特色的社区教育发展路子逐渐辐射和推广到全市各区，其内容是：市民化教育的"一个定位"；"两大资源平台"：社区教育网站和社区教育志愿者资源平台；"三级网络"：区社区学院—镇（街）社区学校—村居服务中心；"四个工程"："一户一名大学生工程"、"圆梦工程"、"村居干部培养工程"和"立交桥构建工程"。"一户一名大学生工程"是在城市化中农村社区不就业青年（吃红族）日益严重和金融高新区企业面临"用工难"背景下启动的工程。[5]

## 三、制度保障：新型城镇化背景下的管理改革与创新

市民化教育的顺利推进有赖于制度保障。佛山在新型城镇化背景下开展的管理改革与创新为市民化教育铺平了道路。

**1. 管理重心向镇街下沉，加强了市民化教育**

在新型城镇化进程中，佛山已经基本建立起"多级、网络化、组团式"的城镇空间结构。工业化进程中基于乡镇经济的专业镇发展模式，推动佛山乡镇完成了工业化的转型，乡镇经济实力的雄厚强大以及经济社会发展的现代化使得佛山市、区、镇三级政府的行政体制一直发展到今天，佛山的大规模镇街也日益呈现出现代小城市的发展趋势。

在新型城镇化发展趋势下，2009年9月以来，佛山开始实行以扩权强镇为主要特点的"大部制"改革。以行政审批制度改革和社会体制综合改革为契机，按照"一级决策，二级管理，三级服务"的扁平化管理模式，2012年，佛山进一步将管理权限下移、外移，制订向镇（街）和社会组织转移管理服务事项目录。在这一改革背景下，佛山实行镇级教育管理体制改革，撤"办"为"局"，成立镇（街）教育局，将教育管理权限向镇街下移，强化镇级教育的执行力度和服务功能，社区教育的立体多元构建在镇级层面得到有力落实。提升全体居民尤其是外来务工人员和农村社区居民的现代文明素质，越来越成为经济社会发达镇街在发展教育时所考虑的重点问题。树立终身教育理念，以学校教育和社区教育的融合互动为突破点，将青少年儿童素质教育与现代市民教育融合互促，构建镇域终身教育微观体系，成为佛山新型城镇化发展背景下实现人的现代化的现实路径考虑。

**2. 管理权限向社会外移，促进了市民化教育**

在新型城镇化背景下，佛山大力开展社会管理体制创新，围绕服务型政府建设，培育和扶持社

会组织,创新社区管理制度,促进"小政府—大社会"的下沉。面临社会阶层的复杂分化、基层社区的多元生态空间,在社会管理创新背景下,政府转变职能,挖掘和调动社会资源,培育和利用社会力量,创新社区模式,由管理为主到引导为主,唱主角为主到搭台唱戏为主,从主要服务户籍人口到全面服务实有人口,从政府单向推动到全民共建共享共治。针对农民群体的市民化,积极开展新市民教育,促进"三个转变":即由低城市化率向高城市化率转变,外来务工人员由身份融入向身心融入的转变,农村社区居民由物质水平提升到素质水平提升的转变。在"三个转变"中发挥教育的独特作用,以家庭亲子教育为纽带,通过学校教育和社区教育的融合互动,构建教育系统与教育系统外部机构、组织、团体、个人之间广泛的伙伴关系,实现"三个结合":农民市民化的自然性融入与政府引导性融入的相结合,主动性融入与政府情感性融入的相结合,渐进性融入与政府服务性融入的相结合。

## 四、资源整合:社区教育、家庭教育与学校教育资源的融合互通

市民化教育的重要资源是社区教育资源。但是,面对市民化教育的繁重性与艰巨性,社区教育资源的封闭发展无益于实际问题的解决。将社区教育资源、学校教育资源和家庭教育资源融合起来发展,形成寓教育于管理、服务、文化活动为一体的大教育格局,实现市民化教育资源的共建共生共享,才能推动市民化教育走上可持续发展之路。依托社区教育网络和阵地,建立家庭亲子教育纽带,将学生和家长,尤其是将农民工和其子女紧密地联接起来,将素质教育和新市民教育融合起来发展,一方面,通过丰富活泼的社区教育和家庭教育促进青少年儿童的校外素质发展,另一方面,通过专业化的学校教育促进社区教育、家庭教育更具有内涵的发展,成为佛山推进市民化教育考虑的重点。

以佛山顺德区北滘镇为例,为了做好市民化教育,该镇教育局将学校校外教育和社区教育、家庭教育和社区教育、青少年儿童素质教育和市民教育统筹起来考虑,打造"一个主阵地(北滘文化中心)、两个主队伍(社团队伍和专业义工队伍)、三个主基地(城市住宅小区、产业社区和农村社区)"的市民化教育网络,探索"社会作主体、政府为引导、群众来推动"的市民化教育发展路径,取得了很好的成效。该镇将北滘文化中心打造成广受赞誉、有一定区域影响力的市民教育中心,使其发展成为市民教育的主阵地,其特点有:一是秉承"公益、开放"的理念,实施开放式管理,建设没有围墙的文化中心。不设物理上的围墙,整个建筑群呈开放式格局;不设心理上的藩篱,市民不分户籍,不论贵贱,均可自由进出于中心内各个公共文化场所,享受高品质、无差别的公益文化教育服务。二是坚守"合作、共赢"发展理念,打造"社区教育大联盟"。积极探索社区教育运营创新机制,与近60个公益社团机构建立长期的合作伙伴关系,与一大批社会人士建立志愿服务联系,以较低的运作成本打造了大批优质的社区公益教育项目,大大提升了社区公益文化服务质量。三是从"执行"到"统筹",实现管理者角色转变。将成熟的文化教育公益项目逐步移交给社团及机构运作,政府实现了从微观执行者到宏观统筹者角色的转变。四是从示范到辐射,建立从主阵地到三

个基地的市民教育网络。北滘镇依靠文化中心资源和品牌项目,发挥其辐射带动作用,将社团和义工资源引向基层社区,通过连锁式、联合式、共同体式等多种形式,将市民教育内容逐步覆盖城市配套小区、产业社区和农村社区,尤其向农村社区和产业社区倾斜,强化文化中心对村居一级社区教育项目的指导和带动,实现主阵地与基地之间的联动发展。

## 参考文献

[1] 文军. 农民市民化:从农民到市民的角色转型[J]. 华东师范大学学报哲社版,2004,(3):56.
[2] 刘悦伦. 在2014年3月25日广东佛山"狮山论坛:中国新型城镇化模式探索"上市委书记致辞. http/财经:2014-03-25/114037781.html.
[3] 文军. 农民市民化:从农民到市民的角色转型[J]. 华东师范大学学报哲社版,2004,(3):60.
[4] 佛山市社会工作委员会. 佛山社会工作动态[J],2013,(18).
[5] 佛山教育科学研究所. 佛山教育发展蓝皮书[R]. 广州:广东教育出版社,2013,142-144.

# 后记

# 后记

在中国教育发展战略学会和经济学界一些专家的大力支持下,联合开展新型城镇化进程中的教育战略与人才培养课题研究。2014—2015年度合作研究的主题为"新型城镇化规划与基础教育布局调整",是一项定位于理论和学术研究基础上、以问题导向的实证研究和政策研究。课题组先后组织人员赴苏州、杨凌农科城、成都、通辽、鸡西、德州、青岛、新乡、郑州和武汉等地开展实地调研,了解上述城市新型城镇化、城乡一体化和基础教育布局调整的情况,并于2014年5月16—17日和11月22—23日分别在北京和青岛举行了课题研讨会。中国教育发展战略学会和经济学界的领导,教育部,国家发改委,有关省市和高等院校、研究院所的专家学者应邀参加会议。本书即为与会专家演讲的笔录稿,纳入《新型城镇化与教育发展》丛书。按文责自负的原则,课题组先后反馈作者修改和审校,有不当之处,敬请谅解。

在课题研究过程中,先后得到中国教育发展战略学会会长郝克明,北京大学原党委书记、中国教育发展战略学会执行会长闵维方,著名经济学家、北京大学教授厉以宁,中共中央政策研究室原副主任、中国国际经济交流中心常务副理事长郑新立作为学术顾问;在实地调研过程中,得到西北农林大学原党委书记孙武学、内蒙古自治区教育厅原厅长李东升、山东省教育厅副厅长张志勇、青岛市副市长王广正、青岛市教育局局长邓云锋、苏州市教育局局长顾月华、成都市教育局局长吕信伟等各位领导的大力协助与支持,在此一并表示衷心的感谢。

同济大学出版社副总编江岱、社长助理赵泽毓、责任校对徐春莲和封面设计唐思雯对该书的出版给予了积极的支持,并为该书进行了精心的编辑加工和审校。

为此,谨向以上有关部门领导、专家学者,以及关注该丛书的广大读者,致以衷心的感谢和崇高的敬意。

编者
2015年7月